» IL CA

VOLUM

IN VINO VERITAS

PRATICAMENTE TUTTO QUELLO CHE SERVE
SAPERE (DAVVERO) SUL VINO

di
ALESSANDRO TORCOLI

Illustrazioni di
PAOLO D'ALTAN

LONGANESI

www.longanesi.it

ISBN 978-88-304-5293-0

Progetto grafico di Laura Rota / studio Rebelot

Fotocomposizione Editype S.r.l.
Agrate Brianza (MB)

Questo libro è stampato col sole

Azienda carbon-free

Finito di stampare
nel mese di novembre 2019
per conto della Longanesi & C.
da Grafica Veneta S.p.A. di Trebaseleghe (PD)
Printed in Italy

IN VINO VERITAS

Alla nonna Ethel

Introduzione

Il vino è diverso, unico. Prodotto di consumo, ma anche simbolo; frutto di cultura materiale e immateriale, coinvolge i sensi e la mente, immediato e mediato, pensato ancor prima che bevuto. Il vino è sempre stato al centro dei miei interessi: da bambino ne sentivo parlare dal nonno, fondatore della storica rivista *Civiltà del bere* che oggi dirigo; da ragazzo, finito il liceo, cominciai a studiarlo con curiosità (e con diversi risvolti edonistici, devo ammettere). Dal 2011 gestisco un'enoteca a Milano, piuttosto attiva nel proporre corsi ed eventi di avvicinamento al vino e recentemente sono tornato sui banchi di scuola, con uno sguardo aperto e internazionale, frequentando l'Institute of Masters of Wine di Londra:[1] solo che sul

1 L'Istituto si occupa di alta formazione in materia di vino. Chi supera i difficilissimi esami previsti dal corso di studi ottiene la certificazione di Master of Wine (MW), tra le più prestigiose al mondo. Sul sito dell'Istituto si legge che: « Un MW è una persona che ha dimostrato attraverso un esame rigoroso un'approfondita conoscenza di tutti gli aspetti che riguardano il vino e la capacità di comunicarli chiaramente. Un MW incoraggerà attivamente altri a perseguire questa conoscenza così come cercherà di avvicinare le diverse anime del vino ».

banco, al posto dei libri, ci sono variopinti calici di vino. Nel 2016 ho pubblicato *Vinology*, il primo manuale italiano che propone un approccio « visuale » al vino, e mi ha dato grandi soddisfazioni. Insomma, mi occupo di vino da 25 anni e da 25 anni mi domando se smetterà mai di interessarmi (e piacermi) così tanto.

La risposta, chiaramente, sinora è stata « no ».

Il motivo è semplice: il vino è il più formidabile veicolo di cultura che esista.

In particolare, per la cultura occidentale ed europea, il vino è il fondamento della civiltà o quanto meno, della nostra civiltà. Dionisiaco e apollineo, è fonte di piacere e al tempo stesso di conoscenza. La mia rivista si chiama *Civiltà del bere* e ringrazio mio nonno, Pino Khail, per l'intuizione di aver creato un giornale con questo nome così vero e così profondo, ove il « bere » apre le porte anche ad altri prodotti, ma è di vino che trattiamo in grande parte. Mi piace l'idea di essere il prosecutore di una tradizione di divulgazione legata a una bevanda bella, buona, interessante e importante per la nostra cultura.

Impossibile, dunque, che annoi. Lo si può bere per trarne immediato piacere, come fanno i tanti amici che mi ripetono « Non ci capisco nulla, ma so distinguere il vino buono da quello cattivo », oppure lo si può conoscere al punto da trovarsi a litigare su questioni ai limiti dell'assurdo, come capita tra chi sostiene che in fermentazione sia preferibile usare i lieviti indigeni e non quelli selezionati, la botte grande anziché la barrique e guai a « metterci i solfiti », che fanno male. E basta Chardonnay! Ma che ne sanno le persone « normali » di queste beghe apparentemente irrilevanti? Perché dovrebbero interessarsene? Perché il vino è diverso: solo quando si schiude la porta della conoscenza, può nascere la passione per solfiti, barrique e vitigni. E allora si finisce anche con lo scoprire che nella faccenda c'entra Galileo Galilei, o che a Linosa in mezzo al Mediterraneo c'è una storia interessante che ha a che fare coi lieviti, e la mente vola assaggiando lo Zibibbo in mezzo al mare, come mi è capitato anni fa, col rischio di non riuscire a tornare a casa.

Storia e cronaca, ideologia e scienza, vita e vite intrecciate. Il romanzo del vino è infinito. Basta poco per lasciarsi coinvolgere, divertire, emozionare. Quando incontro gli studenti, di ogni ordine e grado scolastico – perché il vino affascina e incuriosisce tutti, anche quelli che (ancora) non lo bevono –, loro inizialmente mi guardano di sghimbescio, come fossi un portatore di valori eccentrici rispetto a ciò che studiano, ma in poche battute ci sintonizziamo sull'importanza del « nettare di Bacco ». Di solito inizio il mio discorso ricordando al mio uditorio che le opere fondanti della nostra civiltà sono intrise di vino e a esso hanno dato i significati più profondi. Basti citare Noè (protagonista di una lezione di cui vado particolarmente fiero e su cui tornerò nel capitolo 5) che, dopo il Diluvio, non appena mette piede a terra, cosa fa? Pianta una vigna.

Inutile aggiungere altro, se non continuare a raccontare. Che è quello che conto di fare in queste pagine. Non potrò distillare tutta la scienza del vino, ma tenterò di farlo quanto basta per preparare il lettore – neofita o semplice curioso – a un viaggio fantastico, con l'obiettivo, per coloro che sono già dentro la materia, di condividere storie e riflessioni utili a tenere sempre viva la fiamma dell'entusiasmo. *In vino veritas*, perché il valore aggiunto sarà l'onestà intellettuale. Qui non ci sono spot pubblicitari, solo passione, studio, relazioni umane autentiche e, semmai, qualche spigolosa verità, come il tannino di un grande Barolo. Il vino ha bisogno di sincerità, non di bugie, come quelle raccontate da alcuni prodotti imbellettati e paffuti, tutti fragolona e vaniglia, che non piacciono più quasi a nessuno. Alziamo dunque il velo e le vele, e partiamo.

PRIMA PARTE

Il Vino

IL VINO

1.

Alta orologeria
(quando la complicazione è una virtù)

Entriamo nel racconto della complessità del vino, uno dei prodotti più « civilizzati » della storia, frutto di migliaia di decisioni prese dall'uomo. Cominciamo col dire la prima verità, cui speriamo ne possano seguire altre: il vino è complesso. E allora? Complesso come tante altre cose belle: da uomo direi gli orologi da polso, i sigari cubani, la musica classica. La banalità annoia, anche se è necessario talvolta un pizzico di semplicità per godersi il momento, e rilassarsi. Così succede anche con il vino, quello buono: prima ancora di svelarci i suoi segreti, di narrare le belle storie di persone e territori, deve attirare i nostri sensi e comunicare semplicemente con gli aromi e con l'equilibrio dei sapori (le note acide ben dosate con quelle dolci, quelle ruvide con quelle morbide).

Per questo, quando lo scopri, il vino ti accompagna con gioia per una vita. Di solito prendiamo prima in considerazione la sua parte edonistica, di piacere immediato: il grande vino semplicemente... è buono. Ma poi tutto è relativo, e a lui ci avviciniamo con gradi di conoscenza differenti e quindi vi cerchiamo cose diverse, come in un grande libro ciascuno trova i suoi significati. Chi lo vuole naturale, anche imperfetto, comunque schiettamente legato al territorio di origine (i seguaci della casa editrice Porthos e del suo fondatore Sandro Sangiorgi, spirito considerato ribelle dagli ortodossi del settore), chi perfettino e particolarmente espressivo dell'uva d'origine (molti consumatori americani o australiani), chi lo preferisce fresco, succoso (come il critico enologico romano Luca Maroni, che ha addirittura postulato l'assioma del vino frutto: « Il vino è piacevole quando il suo gusto richiama in modo vero – consistente, equilibrato, integro – quello del frutto da cui è ottenuto »), chi si offende se definisci fruttati i suoi vini (molti francesi, ad esempio), chi nel giudicare il vino inserisce una valutazione etica, specialmente sulla sensibilità ambientale del produttore (come Slow Food). È questa varietà di approcci che lo rende magico, una fonte di inesauribile curiosità, anche per un giornalista – come me – che se ne occupa da sempre, senza mai neanche un minuto di non amore, per citare un pezzo di due autori pop, ma non necessariamente vocati alla semplicità, come Mogol-Battisti.

E se esiste uno stile di vino per ogni palato, sono ancor di più le storie che si rifrangono in quel liquido dorato o rubino: scelte coraggiose di uomini e donne, dettagli legati ai terreni, al clima, alla cultura materiale del territorio. Impossibile annoiarsi o arrivare a conoscere tutto: esisteranno sempre ineffabili sfaccettature, lati nascosti, novità da apprezzare o commentare. Quando incontro gli appassionati e i curiosi che s'iscrivono a corsi d'introduzione al vino, nel primo minuto della prima lezione ricordo sempre che la complessità del vino, ciò

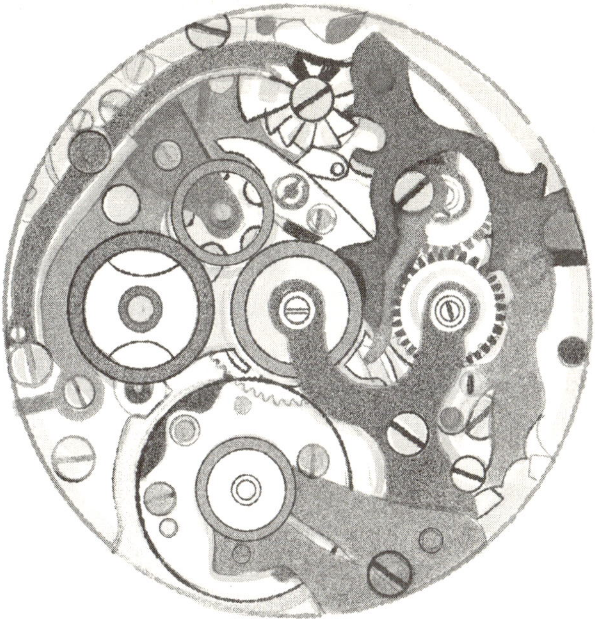

che lo rende un prodotto unico, un vertice della nostra civiltà, sta in un dato sorprendente: bisogna prendere circa cinquemila decisioni prima di proporre il frutto del proprio lavoro racchiuso in una bottiglia o nel tetrapak – quello del Tavernello, per intenderci –, ma quest'ultimo in fondo è un altro vino, meno poetico, per quanto degno, di cui non eviterò di parlare nel corso del nostro viaggio.

Difficile trovare un prodotto, per di più naturale e solo *governato* dalla mano dell'uomo, che richieda una presa di coscienza così forte da parte del produttore. Il vino inchioda il vignaiolo a numerosissime scelte che sono anche etiche, oltre che edonistiche (e di mercato, dato che *in primis* dovrà chiedersi per chi sta imbottigliando quel vino, a meno che non lo faccia solo per sé).

Per citare un esempio della miriade di scelte che approfondiremo poi, cominciamo dall'ubicazione della vigna: a fondovalle? Su quale versante della collina? Se da una parte nei terreni solitamente più grassi e ricchi della pianura la pianta è più vigorosa, dall'altra spesso non riceve la migliore esposizione ai raggi solari, per cui qui si impiantano viti destinate a vino di media qualità, e maggiore quantità. Vi troviamo di frequente il Pinot grigio per produzioni di massa, la Corvina per i Valpolicella più semplici... Ma, spostandoci qualche parallelo più a nord, scopriamo che i più rinomati *châteaux* di Bordeaux e le relative vigne sono adagiati invece su un pianoro. E anche nella rinomata Bolgheri, sulla costa toscana, molti grandi vini nascono in pianura. Si tratta di eccezioni che non invalidano la regola: nei due casi che ho citato, a trasformare un grappolo di Cabernet o di Merlot in un gioiello ci pensano il clima, le brezze (a Bordeaux spirano dall'Oceano, a Bolgheri dal Tirreno) e la particolare tipologia del suolo (nel bordolese le *graves*, cioè ciottoli drenanti che caratterizzano terreni mediamente magri, che in viticoltura è termine positivo, e a Bolgheri l'argilla blu).

Una volta individuato il terreno più adatto, quali vitigni sceglieremo di piantare? In alcuni territori è la legge a porre il vincolo: nel Barolo è ammesso solo il Nebbiolo, per il Brunello solo il Sangiovese. Ma nel friulano Collio, ad esempio, abbiamo ampia facoltà di scelta: l'accattivante Sauvignon oppure la Malvasia, un Cabernet oppure il setoso Merlot? Questi vitigni poi non poggeranno sul proprio apparato radicale (questo succede solo in pochi casi, per viti cosiddette « a piede franco ») ma si avvarranno di un « portinnesto », su cui viene appunto *innestata* la pianta. Perché si debba fare così, è una faccenda legata a una brutta storia, o meglio a un terribile insetto, la *fillossera*, che tra la fine dell'Ottocento e i primi del Novecento ha rischiato di eliminare la vite dalla faccia della terra (si veda il capitolo 2, nel quale racconto la storia dell'insetto infame).

E poi, come allevare la vite? Il solo fatto che nella lingua italiana la vite si « allevi », come un bambino o un cucciolo, e non si *coltivi* semplicemente, la dice lunga... Si può allevare a « cordone speronato », ad esempio, oppure a « guyot », a « pergola »

oppure a « lira »: per farla breve, dipende da come lascio crescere i tralci, come li posiziono in attesa dei frutti. È molto importante, perché da ciò dipende il numero di gemme e quindi di frutti che potrò raccogliere (e questo è proporzionale alla qualità delle uve), e da ciò dipende anche il livello di ombreggiatura, ovvero come e quanto sole prenderanno i grappoli, e la loro maturità, il grado alcolico che potrò ottenere... a dire il vero, la faccenda del fogliame riguarda la « gestione della chioma », che è legata al sistema di allevamento, ma non è la stessa cosa.

Ancora, quando raccogliere i frutti? Come spremere gli acini? Quali lieviti scegliere o non scegliere? Questa in enologia è una questione di massima importanza: i lieviti sono i microrganismi che trasformano lo zucchero in alcol. Sono presenti in natura, sugli acini dell'uva, e per questo è possibile, anche senza far niente dopo la vendemmia e la pigiatura, che la fermentazione abbia inizio. Il guaio è che a volte la natura non porta a termine bene il processo, lasciando pericolosi e spesso non graditi residui zuccherini (pericolosi perché poi la fermentazione riparte in bottiglia e sono guai), oppure s'infilano malignamente nel percorso dei batteri che rischiano di rovinare tutto lasciando odori indesiderati... La scienza enologica, da molti anni, sa governare il processo di fermentazione alcolica, per esempio adottando lieviti selezionati (cioè riprodotti in laboratorio), che vengono inseriti nelle vasche per avviare e poi far completare serenamente la vinificazione (su quello che succede da quando le uve arrivano in cantina a quando si imbottiglia il vino, si veda il capitolo 3). D'altra parte, i seguaci del vino naturale si rifiutano di usare lieviti esogeni selezionati e cercano di ottenere il massimo senza ausili esterni.

Ovviamente una volta fatto il vino bisogna decidere come affinarlo, per esempio se invecchiarlo in piccole o grandi botti, vecchie o nuove che infondono un notevole aroma speziato, ed esistono anche i *chips*, cioè trucioli di rovere, molto usati per conferire ai vini rapidamente e a basso costo un'intensa nota di vaniglia. È un *maquillage* molto usato per realizzare vini prodotti su vasta scala proposti a basso prezzo (l'alternativa, infatti, è il lento affinamento nelle botti nuove, che sono molto care). E le decisioni che il produttore dovrà prendere non sono ancora finite qui, dovrà superare molti altri bivi ancora prima di arrivare alla scelta della veste per le bottiglie, cioè l'abbigliaggio (nel linguaggio del marketing più comunemente chiamato *packaging*): questo sarà il biglietto da visita, la prima impressione. Vietato sbagliare. Chi è già molto esperto e si concentra solo sull'assaggio, e sa valutare davvero la qualità intrinseca del vino, non ci pensa, ma una brutta etichetta rischia di vanificare anni di lavoro: noi esperti spesso guardiamo con sospetto al marketing del vino, ma alla fine, dati alla mano, facciamo davvero fatica a preferire un vino eccellente con una brutta etichetta, anziché, viceversa, un prodotto mediocre in una bottiglia accattivante.

Questo è un interessante tema riconducibile a un filone di ricerca scientifica sul neuromarketing. A Milano il Behavior and Brain Lab dell'Università IULM studia al millimetro – anche nell'ambito del vino e dell'etichettatura – le reazioni delle persone di fronte a una bottiglia. Secondo Vincenzo Russo, direttore del laboratorio milanese, le scelte grafiche condizionano le aspettative del consumatore finale, e sappiamo che le aspettative sono in grado di alterare la percezione del gusto. Siamo vicini al Grande Fratello del vino, al tentativo di mettere in mano al consumatore la bottiglia? Sì e no. Come ho detto, il vino è complicato e proprio per questo sa sfuggire con abilità a tentativi di manipolazione o di eccessiva catalogazione. Io credo fortemente nella possibilità di allevare *bevitori liberi*, e questo è forse uno dei più ambiziosi obiettivi di questo libro. Un appassionato di vino « libero » è forse più importante del « vino libero » (libero da concimi di sintesi, libero da erbicidi), formula inventata da quel genio del marketing (non a caso) qual è Oscar Farinetti, fondatore di Eataly. Perché, vedremo, anche il vino biologico, biodinamico, sostenibile, naturale eccetera è complicato. Anzi, complicatissimo.

E se il libero arbitrio caratterizza i vignaioli, che si distinguono per diversi gradi di onestà intellettuale (gradi praticamente impossibili da misurare), che ci piaccia o no anche noi consumatori non siamo del tutto innocenti e quindi saperne, di vino, è utile per orientarsi in questo mondo. Per qualcuno, ad esempio, il vino è solo una questione di esibizione, come un orologio da polso. Nel qual caso marca e modello parlano di noi più che mai, per cui, visto che tutto è comunicazione, anche la scelta dell'etichetta giusta rivela molto di noi, del nostro universo di riferimento, dei nostri gusti, a volte delle nostre idee. Un esempio limite in questo senso è rappresentato da un'etichetta rimasta negli annali, quella del produttore Bartolo Mascarello, che nel 1999, in pieno berlusconismo e modernismo barolista (sul Barolo si veda il capitolo 8), se ne uscì con la sua etichetta « No barrique No Berlusconi ». In questo caso ordinare il vino si traduceva in una dichiarazione di appartenenza politica, anche enologica: in quegli anni infatti la barrique (piccola botte di rovere da 225 litri; si veda in proposito il capitolo 3) da botte « santa », capace di elevare al rango di eccellenza anche l'aceto, si stava trasformando in una sgualdrina, colpevole di coprire ogni virtù del vino e della vigna, da guardare con diffidenza se non da dimenticare.

Ma anche in situazioni meno estreme il vino parla di noi, delle nostre scelte. Wine Monitor Nomisma, una delle più accreditate società di ricerca di mercato nel settore agroalimentare, ha suddiviso[1] i consumatori di vino in gruppi sociologici omogenei, utilizzando le seguenti bizzarre definizioni: gli *indifferenti* (scelgono in base al prezzo, sono concreti e abitudinari, tra i

Questione di etichetta

L'etichetta è importante. È facile sentenziare che ciò che conta è la sostanza, non l'immagine, e che soprattutto l'esperto assaggiatore non deve bere l'etichetta, ma il contenuto della bottiglia. Le trappole della nostra mente sono però micidiali e nessuno, nemmeno i Masters of Wine o i Master Sommelier, i guru in materia, riescono a valutare serenamente i vini se vedono l'etichetta, tanto che la prassi, per noi degustatori, è la cosiddetta degustazione alla cieca, ovvero senza conoscere produttore ed etichetta, per valutare solo, in effetti, la sostanza. Tanto è potente l'effetto dell'etichetta che le case vinicole possono arrivare a spendere anche decine di migliaia di euro per farsene disegnare una.

1 Forum Wine Monitor Nomisma 2018 – Mercato Italia.

55 e i 73 anni), gli *unconventional wine lover* (sanno apprezzare il vino, sono aperti alle novità, sono ambientalisti, sportivi, di stile ricercato, tra i 30 e i 40 anni), i *flower power* (tra i 18 e i 38 anni, consumatori occasionali che fanno della natura una ragione di vita), gli *enofighetti* (tra i 40 e i 55 anni, sono esperti con preferenze radicate, tradizionalisti), i *mondani* (tra i 18 e i 38 anni, consumano nei ristoranti e wine bar, avventurosi e sperimentatori). Poi ci sono, aggiungiamo noi, i *bauscia*, per dirla alla milanese, o gli esibizionisti, cioè quelli che ordinano a seconda del potere di acquisto: Tignanello, Sassicaia, Petrus o Romanée-Conti, per dimostrare – per lo più – di poterseli permettere, senza nulla togliere alla qualità intrinseca dei grandi vini citati.

L'uomo, in ogni caso, sia come vignaiolo sia come consumatore, è al centro di tutto. Nel vino come nell'arte la grandezza di un'opera non sta solo nella capacità espressiva dell'autore, ma anche nello sguardo di chi la osserva. E questa centralità dell'uomo, nel discorso vinicolo, si pone alla base di un concetto molto importante, soprattutto per noi occidentali: il vino è un elemento fondamentale per la nostra civiltà, ne è alimento e simbolo. « Il vino è uno dei maggiori segni di civiltà del mondo », scrisse Ernest Hemingway in *Morte nel pomeriggio*, ma sul tema il filosofo inglese Roger Scruton nel 2009[2] si è spinto persino oltre: « Si potrebbe anche dire che il vino è antico quanto la civiltà; ma io preferisco dire che è la civiltà ».

2 Roger Scruton, *Bevo* dunque *sono*, Raffaello Cortina Editore, 2010, pag. 75.

2.

Nella vigna
(del *terroir* e suoi derivati)

Suona banale, ma vale la pena di ripeterlo come un mantra (e lo sentirete ribadire da qualsiasi conferenziere): il vino nasce in vigna. Per questo il capitolo dedicato alla viticoltura è non solo fondamentale, ma anche particolarmente utile per parlare di vino a ragion veduta. Anzi, a difesa degli enologi, che saranno i protagonisti del prossimo capitolo, è utile comunque ricordare che il vino, in ogni caso, non nasce da solo, necessita dell'opera di un professionista (o di un abile artigiano della cantina, se parliamo di piccole dimensioni) affinché la magica trasformazione da succo d'uva (cioè il mosto) a vino si realizzi con successo. Lo ricordiamo perché se negli anni Ottanta e Novanta del secolo scorso l'enologo era visto come figura leggendaria capace di miracoli, fin troppo mitizzata (erano gli anni d'oro di Michel Rolland, nel mondo divenuto simbolo del «*flying wine maker*»); oggi siamo all'estremo opposto, con prese di posizione «antienologo» radicali, culminate con la pubblicazione di libri e articoli al limite del sovversivo, di rifiuto totale di questa preziosa figura.

È ovvio che entrambi, l'agronomo e l'enologo, sono essenziali nella produzione di un grande vino, e anzi i due ruoli tendono a fondersi, come logica conseguenza, in un'unica professione, una sorta di « vinologo », esperto di vigna e cantina, tanto più che i corsi di laurea che formano questi esperti sono per lo più in « viticoltura ed enologia ».

Il terroir

Parola magica, *terroir*, intraducibile in italiano ma, a ben vedere, intrisa di molteplici significati anche in francese:[1] è un luogo con caratteristiche omogenee e un'identità forte in termini di suolo, condizioni climatiche, fattori sociologici e tecnologici.

Torniamo alla vigna, e immaginiamo che il nostro amico Alessandro (un nome a caso per evitare pericolose immedesimazioni da parte dell'autore) sogni di lasciare la metropoli per farsi una vigna e realizzare un grande vino. Comincia il lungo cammino delle famose cinquemila decisioni da prendere. Niente panico.

Il nostro vignaiolo può appartenere a due ceppi ben diversi: gli ereditieri da una parte, e gli imprenditori puri dall'altra, coloro che provengono da altre esperienze e decidono di investire nel settore, oppure che scelgono di fare i vignaioli di mestiere,

1 Un'ottima analisi del concetto e delle sue implicazioni in viticoltura è quella di Emmanuelle Vaudour (*I terroir. Definizioni, caratterizzazione e protezione*, Edagricole, Bologna, 2005.)

partendo da zero. Per i primi molti limiti sono segnati dai predecessori: il luogo è ovviamente già stato scelto (se erediti una vigna, non puoi teletrasportarla magicamente altrove), così come i vitigni e i portainnesti (l'apparato radicale) e non sono semplici l'espianto, il reimpianto o il cosiddetto sovrainnesto.[2] Diciamo che, da un lato, ereditare un vigneto in generale è una fortuna, specie se in una delle zone in cui il valore della vigna è alto (si veda il box « Vigne dai prezzi stellari »), ma da un altro punto di vista è un limite, perché molto è già stato scritto, anche se il neovignaiolo, nel tempo o investendo tanto denaro, può operare scelte differenti da quelle dei padri.

Diversa è la posizione di chi decide di fare vino *ex novo*. La prima domanda da porsi, più vocazionale o imprenditoriale che tecnica, è tutt'altro che semplice: dove? Comprare un ettaro a Barolo o a Montalcino è proibitivo, i valori superano il milione di euro a ettaro e per inciso con un ettaro (10.000 metri di terreno) si producono circa 6000 bottiglie di vino pregiato. Significa che per rientrare nell'investimento non bastano due generazioni: quindi, questa è un'opzione da *tycoon*, non a caso a Montalcino tra gli ultimi a comprare è giunto un petroliere argentino.

Se fossi un giovane sognatore andrei in un territorio emergente e penserei più allo stile del mio vino che alla nomea del territorio. E, per inciso, anche se comprare le vigne può essere un ottimo investimento, nessuno ci impone di farlo. Per pro-

2 Si definisce « sovrainnesto » la pratica di innestare una nuova varietà su un apparato radicale preesistente, che consente di perdere un solo anno di raccolto; altrimenti, se si pianta ex novo, ne passano almeno tre o quattro prima di poter raccogliere l'uva.

Vigne dai prezzi stellari

Il sogno di diventare vignaiolo si può facilmente fermare alla porta delle zone viticole più prestigiose del mondo già solo per una semplice questione di prezzo. E comunque, anche a cifre astronomiche, è quasi impossibile trovare un venditore. Se progettiamo dunque di darci alla terra per realizzare il nostro grande vino, è più saggio rivolgersi ad aree qualitative e interessanti, ma non già famose, altrimenti nemmeno i pronipoti estingueranno il mutuo. Personalmente, andrei in Valtellina o nell'Alto Piemonte per un grande Nebbiolo, nella zona di produzione del Custoza, in Veneto per un bianco (il comprensorio del vicino Lugana, in territorio lombardo, ormai sta diventando proibitivo), sulle montagne del meraviglioso e ancora selvaggio Abruzzo, lungo il confine tra Gorizia, Trieste e la Slovenia... più viti e meno muri.

durre un buon vino ci sono valide alternative, come l'affitto. Così come nessuno ci impone di produrre direttamente il vino, pur avendo una vigna, visto che possiamo sempre vendere le nostre uve a un produttore o a una cantina sociale.

Quello di una start-up di successo, avviata affittando la vigna, è il caso dell'azienda Dirupi, nata in Valtellina (ottima scelta) dall'intuizione di due studenti dell'Università di Milano, Pierpaolo Di Franco e Davide Fasolini, con l'ambizione di valorizzare l'uva Chiavennasca, ossia il Nebbiolo, che oggi è un vitigno molto apprezzato. In più, si tratta di viticoltura di montagna, un po' eroica e per niente facile, ma ideale per lo *storytelling*, ovvero per il racconto che accompagna sovente il grande vino. Inoltre gli imprenditori hanno selezionato particelle preziose di vigneti, con piante anche molto vecchie che gli anziani contadini locali stavano abbandonando, salvaguardando così un patrimonio e garantendosi piante dall'alto potenziale qualitativo (come la gallina, infatti, anche la vite vecchia fa buon vino). E infine questi ex studenti hanno fatto tutto senza particolari patrimoni alle spalle, ma muovendosi come piccoli imprenditori. Anche nel vino, si può fare.

Due sono i fattori che incidono più di altri sulle qualità del vino: il suolo e l'esposizione del vigneto. Il motivo è semplice, anche se le sfumature sono invece, come sempre, molto complesse: per quanto riguarda il terreno, da esso dipende la capacità della pianta di assumere i nutrienti per la propria sopravvivenza e, in particolare, di ottenere la giusta quantità d'acqua; sul fronte dell'esposizione, invece, conta molto la quantità di luce con cui si rapporta la vite, la quale – essendo una pianta – basa i suoi processi vitali sulla fotosintesi clorofilliana. Insomma, acuti osservatori avevano già capito questo semplice assunto secoli fa, e forse anche prima, ed è rimasta celebre una nota del toscano Galileo Galilei, secondo il quale « il vino è un composto di umore e luce ». Poesia e verità.

Certamente, e questa è la bellezza della materia, la relazione vite (radici) e suolo è complessa. Lì risiedono i nutrienti; la terra e le rocce trattengono o perdono « gli umori », cioè l'acqua, e alcune componenti del terreno sembrano quasi essere assorbite dalla pianta, al punto che le ritroviamo magicamente, spesso sublimate, nel calice. La scienza non ha ancora spiegato « come » e neppure « se » questo accada, ma nei grandi Chablis (nell'estremo Nord della Borgogna) assaporiamo il mare e sentiamo profumo di conchiglie, pur essendo lontani dall'oceano, perché i terreni del Kimmeridgiano e del Portlandiano lasciano un segno. Soprattutto il primo: il calcare kimmeridgiano risale al secondo dei tre stadi stratigrafici in cui è diviso il Giurassico superiore (grossomodo 150 milioni di anni fa) e deriva dal compattamento sul fondale marino di gusci calcarei di ostriche, una quota di carbonato di calcio che ha un effetto impattante sulle coltivazioni agricole. Sono caratterizzati da marne kimmeridgiane anche alcuni siti in Loira e in Champagne, e questo calcare conferisce una cosiddetta mineralità[3] ricercatissima dagli appassionati.

Più banalmente, ma si tratta di un fattore di estrema importanza, è la struttura chimico-fisica del suolo a fare la differenza nella coltivazione della vite e nella qualità delle uve e questa è determinata dal diverso rapporto che si instaura – a seconda dei terreni – tra la vite e l'acqua.

I geologi e gli agronomi ritengono che uno dei materiali ideali per la viticoltura sia il calcare, la roccia sedimentaria, di diverse origini (quindi non tutto uguale) ma normalmente adatta a trattenere le giuste quantità d'acqua e di nutrienti. I terreni sabbiosi non sono molto amati, specie dai francesi, perché al contrario delle rocce donano vini profumati, ma tendenti al fruttato (e ai francesi piacciono di più i vini « minerali »).

3 « Mineralità » è termine amato usato e controverso nel vocabolario del vino. Pur non essendo sempre e certamente connessa al suolo, la percezione della mineralità generalmente indica l'opposto di « fruttato », caratterizzando vini che abbondano di note iodate, rocciose, sulfuree, persino di « idrocarburi », ossia petrolio, che si trovano ad esempio in alcuni Riesling.

Eppure anche i suoli sabbiosi possono darci vini intriganti, che spesso sono anche ottenuti da viti « a piede franco », come nel caso del Carignano del Sulcis, prodotto nell'isola di Sant'Antioco, in Sardegna, o del Fortana nella Doc Bosco Eliceo (Ferrara) in Italia, o di particolari terreni in Argentina e in Cile. A piede franco significa che la vite non è stata innestata su radice americana, come si usa solitamente per difendersi dall'infame fillossera,[4] quindi la pianta prospera sulla propria radice originale, senza intermediari (perché comunque l'innesto è per definizione una manipolazione seppure umana e utilissima).

Questo è possibile banalmente perché la fillossera non sopravvive nella sabbia, quindi il pericolo – che è invece terrore in qualsiasi altro luogo del mondo – non sussiste.

Trovo che la geologia applicata al vino sia una branca di estremo interesse e ancora tutta da esplorare. Scrive il geologo cileno Pedro Parra:

> Per quanto riguarda i terroir, devo dire che dopo aver fatto più di trentamila analisi di radici della vite che si sviluppano in suoli rocciosi, alcuni punti mi sono ormai chiari:
>
> 1) Non ho mai trovato una sensazione minerale nel vino, se il terreno non è ricco di pietre.
> 2) La geologia è la chiave: forse addirittura il 90% dei grandi terroir minerali è ricco di calcare, scisto, granito.

4 La fillossera è un insetto che dalla seconda metà dell'Ottocento ha devastato i vigneti europei, distruggendo le radici delle piante e portandole quindi alla morte. Non intacca le radici di specie di vite americane, per cui si è trovato il rimedio di innestare la parte aerea delle viti europee su « piedi » americani.

3) I terreni non rocciosi non danno vini minerali (il 99% delle volte). Così i suoli ricchi di argilla, limo o sabbiosi ma non rocciosi sono generalmente terreni poco rappresentativi se state cercando la mineralità.
4) Però c'è un ma: è necessario pensare come una radice e non come un pedologo [lo studioso della composizione, della genesi e delle modificazioni del suolo, *ndr*], perché alcuni terreni possono comportarsi come se contenessero degli elementi rocciosi.[5]

Personalmente, ad esempio, amo i bianchi di Lugana, che coniugano frutto e mineralità in un sapido equilibrio. I suoli sono composti da argille stratificate di origine morenica e di natura sedimentaria, per lo più calcaree, ricche di sali minerali, che nella fascia più collinare della denominazione si fanno più sabbiose. Quindi, argille sì... ma pur sempre foriere di sensazioni minerali. Anche perché, e questo è il punto, la maggior parte dei suoli non sono monolitici, ma variegati e complessi.

Lo stesso discorso lo riportiamo ai suoli vulcanici. Sono ricercati, ormai mitizzati, perché in effetti evocano luoghi stupendi, Etna, Vesuvio, Soave, Santorini... ma la realtà è che sono terreni ancor più complicati rispetto alla media, con una estrema e rapidissima variabilità, per cui il viticoltore fatica molto per individuare quelle porzioni di terra davvero ideali per ottenere i massimi risultati. Di vero, c'è la straordinaria ricchezza in minerali nel terreno, che conferiscono, va da sé... mi-

5 Pedro Parra, « Dalla Borgogna alle Ande sondando il cuore della terra », *Civiltà del bere* (luglio-agosto 2016).

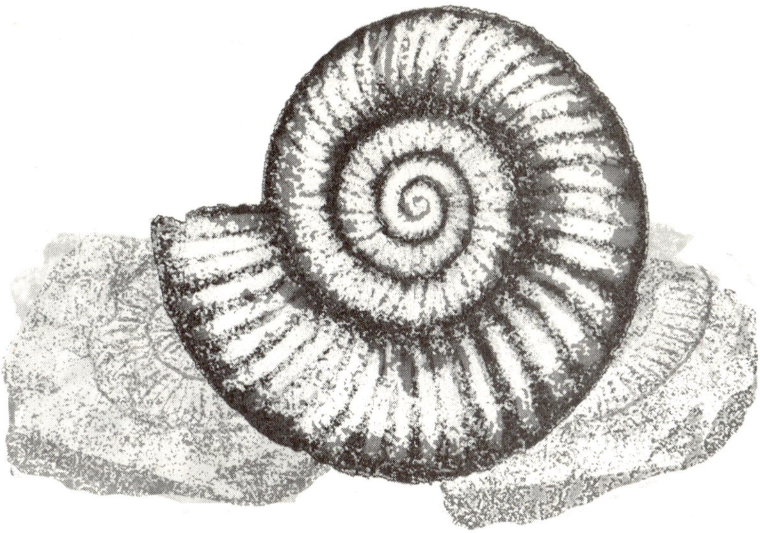

neralità al vino insieme a una stuzzicante sapidità. Riguardo alla varietà di terreni vulcanici, le differenziazioni stanno nella struttura fisica: dai più leggeri, come la pomice di Salina, in Sicilia, ai più pesanti e argillosi del Lessini Durello e del Soave, in Veneto, ai tufi di Montefiascone e alle sabbie di Frascati, nel Lazio. Per sicurezza, cerchiamo genericamente il calcare e otterremo buoni risultati.

Riguardo alle esposizioni e alla giacitura del suolo, la prima grande differenza è anche quella più ovvia: pianura, collina e montagna possono essere tutte valide soluzioni, dipende come sempre dal contesto e dalle altre variabili. Molti credono che i suoli in piano siano meno qualitativi di quelli in pendenza, perché si ripete spesso, anche nei testi di viticoltura, che l'ambiente ideale per la vite è la collina. Generalmente è vero per svariati motivi (drenaggio del terreno, esposizione al sole, stratigrafia del suolo), ma non dimentichiamo che esistono zone leggendarie eppure pianeggianti come ad esempio Bordeaux in Francia e Bolgheri in Toscana. Certamente, la vigna ha una generica predilezione per la collina, specie se dolce. Questo perché una pendenza non eccessiva, al netto del resto (suolo, esposizioni...), ha due vantaggi evidenti: si lavora ancora con facilità (rispetto alle difficoltà dei pendii scoscesi) e l'inclinazione procura un buon drenaggio naturale. La montagna è stupenda, ma davvero eroica nel senso che lo sforzo è ai limiti dell'umano, per allevare la vite (con le varie pratiche da eseguire in vigna) e infine per vendemmiare. Ora, in verità, si tende a considerare positivamente quelle alte quote che prima si evitavano (oltre i 400-500 metri) per scongiurare il rischio di non raggiungere la maturità delle uve a causa di temperature troppo rigide o di piogge nella fase finale e più delicata della maturazione delle uve. Infatti il surriscaldamento globale consente di raggiungere il risultato anche in montagna, anzi talvolta si evita l'accelerazione nella maturità zuccherina che si riscontra a quote basse, la quale – se non accompagnata dalla maturità cosiddetta fenolica[6] – genera vini scomposti, non equilibrati.

Quindi, se pure la teoria dice di evitare montagna e ripidi pendii, il mito del vino è alimentato anche dalla bellezza delle terrazze vitate in Valle d'Aosta, in Valtellina, dal fascino delle teleferiche che portano in salvo cassette colme di grappoli nelle

6 La maturità tecnologica riguarda il rapporto tra gli zuccheri e gli acidi nell'acino, quella fenolica la giusta concentrazione e maturità delle sostanze fenoliche, come gli antociani, i tannini che rischiano di rendere il vino ruvido o troppo erbaceo.

Viti matusalemme

Come abbiamo visto, la fillossera non gradisce né i terreni sabbiosi in pianura (come nel caso del Fortana, nella zona del delta del Po), né alcuni habitat a quote non banali: a partire da Morgex e La Salle in Valle d'Aosta – oltre i 1000 metri di altitudine, vigne sul tetto d'Europa – per giungere ai dinoccolati vigneti ad alberello appesi all'Etna, in Sicilia, che raggiungono, anche qui, vette (in tutti i sensi) commoventi. È il caso del Carricante, antico vitigno dal cui succo si ricava l'Etna bianco. Ciò fa sì che in Italia, ancor oggi, si possano bere vini ottenuti da viti ultracentenarie. Uno fra tutti, il Piedirosso, che trova luogo di elezione in terra vesuviana. È questo un vino *davvero* salato, per nulla « piacione », ma deliziosamente fresco. E potrei continuare, tornando in Sicilia. Ma dello Zibibbo vi ho già detto nell'Introduzione: per un pelo non mi isolava dal mondo.

ripide Cinque Terre, dall'avventura di vendemmiatori che come alpinisti si agganciano ai pali delle viti in Mosella per non precipitare, dalla vertigine della Ribera Sacra in Spagna.

Appurata l'esistenza di un suolo che può donare uve di alto pregio, ricche di frutto e minerali, il *vigneron* si preoccupa allora dell'esposizione della sua vigna. Anche questo tema, che appare scontato, nel vino si complica gioiosamente di sfumature. Esistono le regole, e molte eccezioni. Se di solito infatti l'esposizione a sud-ovest, al pomeriggio, è prediletta per la durata della luce e per il calore necessari affinché le uve infine raggiungano la piena maturità, in alcuni casi, e sempre più spesso, non si disdegnano sguardi a nord, più riparati dal sole e più freschi.

Il vitigno

La scelta del vitigno sembra essere l'assillo di chi progetta un vino: Chardonnay? Vermentino? Cabernet Sauvignon? Nebbiolo? Pur essendo importante, non è tutto. In realtà c'è chi compra il vino « varietale », cioè cercando proprio il piacere legato a un'uva, ad esempio, il Merlot, e chi cerca quello di St. Emilion o di Pomerol, due luoghi nel Bordolese in cui questo vitigno si esprime con caratteri specialissimi. Certo, tutti i vini sono ottenuti da uno (monovarietale) o più vitigni (blend). In alcuni luoghi i vitigni hanno una storia antica e là si manifesta la magia del grande vino: a Montalcino ad esempio il Sangiovese raggiunge vertici di potenza ed eleganza, di maturità e finezza. Ma il Sangiovese dà grandi risultati anche nel Chianti Classico, a Montepulciano o in Romagna, ad esempio. Il raffinato bevitore cerca il vitigno (o i vitigni, come a Bordeaux dove ne prosperano almeno sei), associato a un luogo, perché è evidente che contano più il luogo, il suolo, il clima dello strumento – il vitigno – che vogliamo scegliere per interpretarlo.

Eppure parlar di vitigni è più semplice e, dal Nuovo Mondo del vino (su tutti USA e Australia) dal secondo dopoguerra è partita la moda dei varietali, i vini chiamati col nome del vitigno, sia per mancanza di storia dei propri territori (a parte alcuni, rari, come la Napa Valley, che da fine Ottocento è nota come terra da vino) sia per astuzia di marketing. Spesso sosteniamo che i francesi siano campioni del mondo, in enologia, perché particolarmente bravi nel marketing (discuteremo più avanti dell'eterna sfida Italia-Francia) ma gli americani lo sono molto di più: vendere Cabernet, Merlot o Chardonnay è assai più semplice che vendere St. Helena, Atlas Peak o Oakville (tre « Doc » interne alla Napa Valley). Se poi li produco in uno stile ben chiaro e definito, che incontra i gusti del consumatore, il gioco è fatto, come successo per lo Chardonnay californiano: bianco alcolico barricato e burroso.

Il mondo è stato invaso negli anni Novanta da Shiraz australiani, Pinotage sudafricani, Carménère cileni... e soprattutto da Cabernet Sauvignon e Chardonnay di tutto il mondo, tanto da provocare anche la nascita di gruppi di consumatori e di hashtag del tipo « All but Chardonnay », tutto purché non sia Chardonnay. Ingeneroso, dato che alcuni dei più grandi bianchi del mondo (leggi Chablis, Montrachet eccetera...) nascono da questo vitigno. Alla fin fine, però, si è scatenata una sfida non qualitativa, ma di prezzo, in una gara a chi offriva questi vitigni, ubiqui e per questo definiti « internazionali », al prezzo più conveniente. Una gara al ribasso, nella quale anche l'Italia si era cacciata, all'epoca, per accorgersi – per fortuna rapidamente – che si giocava su un terreno molto pericoloso.

In alcuni casi, quasi sempre in Europa, le leggi sulle Doc (Denominazione di origine controllata) – che tendenzialmente seguono le tradizioni locali – prevedono che in certi territori si usino determinati vitigni. Per cui, se vogliamo fare un Barolo Docg (Denominazione di origine controllata e garantita), la legge prescrive il 100% di Nebbiolo. Altrimenti non potrò chiamarlo Barolo, ma dovrò declassare il vino ad esempio nella Doc Langhe, che consente di utilizzare diversi vitigni.

Questa prescrizione è corretta, perché il Barolo fonda la sua fama su un'espressione altissima e molto tipica di Nebbiolo, così come lo conosciamo e lo apprezziamo; il Brunello la deve al Sangiovese e se ci mettiamo, per dire, un saldo di Merlot, non sarà più lo stesso vino. Purtroppo, questo è accaduto nel 2008, quando abbiamo sfiorato la rottura diplomatica – e conseguente blocco delle importazioni – con gli Stati Uniti a causa dello scandalo del Brunello « taroccato » e ammorbidito col Merlot, un'uva che conferisce al vino un carattere serico rispetto al ruvido Sangiovese. Piaceva di più agli americani, forse, e in generale ai consumatori meno abituati ai grandi rossi da invecchiamento, perché il vino risultava meno spigoloso del solito, peccato però non fosse più « Brunello di Montalcino ».

Immaginiamo a questo punto di poter scegliere liberamente dalla banca dati dei vitigni utilizzabili per fare vino: nel Registro nazionale delle varietà di vite dop & igp dei vini italiani (accessibile liberamente dal sito Internet del ministero delle Politiche agricole alimentari e forestali, ben fatto e ricco di informazioni e immagini) ci sfila sotto gli occhi una lista di oltre 900 uve, bianche, grigie, rosse, nere... Potremmo descriverle tutte per le loro principali caratteristiche di espressione aromatica, per alcune peculiarità al gusto secondo schemi che risulterebbero, giocoforza, molto semplificati, perché un vino è la risultante di tanti fattori (le famose cinquemila scelte), molti tra i quali riguardano scelte enologiche, che consentono a chi sta in cantina di giocare con alcune caratteristiche delle uve, come vedremo. Dunque, un consiglio: non perdiamo troppo tempo a pensare al vitigno. Certo ve ne sono di molto « nobili », sia internazionali, come Pinot Nero e Riesling, oggi ricercati dagli appassionati, sia italici (come Barbera e Aglianico) sia autoctoni, come si definiscono alcuni vitigni rari legati a una zona limitata, come ad esempio il Roscetto in Umbria o il Picolit in Friuli-Venezia Giulia. Molti poi sono in fase di riscoperta eno-archeologica come quelli che in Sicilia hanno chiamato vitigni « reliquia », e hanno nomi curiosi come Lucignola, Vitrarolo, Recunu...

A parte il fatto che alcune Doc prescrivono di usare una certa uva, vi sono anche specifiche caratteristiche comportamentali dei vitigni che ci inducono a escludere alcune scelte. Ad esempio, il grande Pinot Nero predilige i climi freschi, e risulta solitamente mediamente banale in quelli miti, il Cabernet Sauvignon è invece adatto a temperature miti, anche perché ha una lunga stagione vegetativa e quindi maturazione tardiva ed esprime caratteri molto erbacei (di peperone, ad esempio) al freddo, o al Nord, dove l'estate è più breve e arrivano presto le piogge e il calo di temperatura. Il Cabernet raggiunge la piena maturità dopo il Merlot, motivo per cui a Bordeaux le raccolte delle due uve sono solitamente differite e si procede poi in cantina all'assemblaggio dei vini.

Scelto il vitigno, dobbiamo quindi decidere quale sarà la radice (il portainnesto) migliore nel luogo individuato. Ad esempio, molto utilizzato è il portinnesto SO4, che si adatta alla maggior parte dei suoli mediamente argillosi e che, oltre a difendere la pianta dagli attacchi del temuto parassita assassino, è utile per ottenere vini di qualità, perché ha una vigoria piuttosto bassa, cioè trattiene la vite dal produrre troppi grappoli (il che è sintomo di bassa qualità, perché dobbiamo immaginare –

con semplificazione estrema – l'equazione tanta uva = acini acquosi e meno concentrati = vino diluito e meno saporito).

I portinnesti sono definiti da sigle, spesso riferite ai vivaisti che li hanno selezionati. Il vino è incredibile anche per questo: possiamo ascoltare storie interessanti non solo tra i vignaioli, ma in ogni fase del processo produttivo. Per esempio i portinnesti Paulsen devono il nome all'eminente botanico siciliano, direttore del Regio Vivaio di Palermo, Federico Paulsen, cui oggi è intitolato un importante centro di ricerca sull'isola, e i portinnesti Ruggeri ricordano Antonino Ruggeri, il direttore dei Regi vigneti sperimentali di Spadafora (Messina). I due, ideatori dei portinnesti anche detti « siciliani », ricavati da incroci con viti americane (quelle che resistevano alla fillossera), non sono certo eroi che troviamo nei libri di storia, ma hanno seriamente contribuito alla salvezza della viticoltura non solo siciliana, ma italiana ed europea nel primo dopoguerra. Alziamo il calice, e ringraziamo.

Ora che la nostra vite è ben piantata coi piedi radicati nel suolo, bisogna allevarla. Ed è suggestivo che, a differenza delle altre piante, la si *allevi* come un figlio e non la si *coltivi*. Le associazioni vite-vita sono molto frequenti.

Il metodo di allevamento è un altro capitolo chiave per chi studia e pratica viticoltura. Se ci pensiamo, ne abbiamo visti molti di vigneti, viaggiando lungo statali e autostrade, ma forse abbiamo dato un'occhiata distratta. Immaginiamo un itinerario italiano: in Valle d'Aosta si trovano pergolette, basse e sorrette da tozzi pilastri di sasso, disposti lungo piccole terrazze rubate alla montagna; in Piemonte lunghi filari di allevamenti

« a guyot », con i fili ai quali si aggrapperanno i tralci; in Toscana molte piante a « cordone speronato », con il tronco piegato dal quale emergeranno i « capi a frutto », quelli che doneranno i grappoli quando sarà stagione... e soprattutto anticamente, in Toscana come in Campania, molto frequente era l'uso di « maritare » la vite all'ulivo o ad altre piante, senza l'uso di pali o fili; la pergola abruzzese si presenta come un mare verde a perdita d'occhio; l'alberello è bellissimo, la vite allevata come un piccolo ulivo che si regge da solo, diffuso in Puglia, Sicilia, Spagna. A volte, la troviamo senza allevamento di sorta: la vite che è una liana e quindi – senza sostegno – striscia, e la vediamo così a Pantelleria o alle Azzorre, in umile riparo dai venti sferzanti, protetta da muretti a secco. È curiosa, peraltro, l'origine della macrodivisione tra viti sostenute (da pali o da altre piante) e viti ad alberello, le prime di derivazione etrusca (infatti, molto diffuse lungo il Tirreno) e le altre di tipo greco: il libro della storia si legge anche nel vigneto.

Se curiamo molto i «piedi» della vite, altrettanto faremo per la «chioma» e in genere per la parte aerea: tralci, foglie. La forma di allevamento e la potatura (tralcio lungo o corto, ad esempio), da un lato, e la gestione della chioma (si chiama proprio così) dall'altro: quest'ultima, ovvero la parete fogliare, deve garantire il giusto rapporto tra «pannello solare» per la fotosintesi (che è il ruolo della foglia) e frutti. Anni fa si prediligeva, e ancora oggi si usa in certi luoghi, defogliare, lasciare il grappolo anche un po' scoperto per fargli assorbire raggi UV, mentre oggi, a seguito dell'innalzamento delle temperature, si rivaluta una «folta chioma» per riparare gli acini dalle scottature. Dipende tutto da dove ci troviamo.

Abbiamo parlato sostanzialmente sinora della singola vite, ma un vigneto è una «comunità» di piante e un altro aspetto interessante è la cosiddetta densità d'impianto, cioè quante viti posso o devo impiantare per ettaro? Si va dalle quattromila alle diecimila con risultati molto differenti. Vi sono diverse teorie, ma c'è una valutazione economica che incide su tutte le considerazioni tecniche: se un terreno vale molto, e di conseguenza anche il vino che vi produco, un'alta densità di piante mi consente di produrre, a parità di superficie, una maggiore quantità di vino e dunque di guadagnare di più.

Dal punto di vista agronomico, invece, è affascinante la teoria che potremmo definire « della competizione »: se le radici competono tra di loro per la ricerca dell'acqua e dei nutrienti si rafforzano e ciò fa bene alla pianta e, alla fin fine, alla qualità dei grappoli che ne verranno, contribuendo all'equilibrio vegeto-produttivo della vite. Ho avuto a volte l'impressione che questa fosse la trasposizione agronomica della teoria liberista in economia, quella che sostiene che la concorrenza sia comunque positiva e il male assoluto sia il monopolio. Però forse la versione « agricola » sembra più vera di quella psicosociale. In definitiva, mi dicono molti agronomi, ciò che conta più di tutto non è quante piante per ettaro, ma quanta uva per pianta.

Veniamo alla raccolta, la mitica vendemmia. A un convegno di qualche anno fa[7] la regina del vino, ossia l'inglese Jancis Robinson MW (Master of Wine; si veda in proposito l'introduzione e il capitolo 7), incaricata di raccontare le principali innovazioni nell'enologia moderna, lasciò tutti a bocca aperta indicando quale passaggio epocale l'introduzione, semplicemente, delle cassette (normalmente di plastica, come quelle che vediamo al mercato) per vendemmiare. Una semplice, quasi banale, ma decisiva invenzione che ha innalzato enormemente il livello qualitativo del vino. Certo, la Robinson è un genio della comunicazione e sa come destare curiosità e attenzione, ed era forse una provocazione, ma non troppo. Come si raccoglie l'uva e come questa arriva in cantina sono davvero passaggi cruciali che possono fare la differenza tra un vino buono e uno eccellente.

7 VinoVip Cortina 2013.

La prima grande differenza, infatti, riguarda la scelta tra la vendemmia meccanica e quella manuale. Ovviamente quella manuale è molto più costosa, senza contare che le aziende vitivinicole fanno sempre più fatica a trovare manovalanza esperta per la vendemmia. Inoltre, sono finiti i tempi degli studenti che migravano in massa in Provenza o in Toscana per la vendemmia e sono tempi di burocrazia e sacrosanta lotta al lavoro nero. La poesia della vendemmia, quella che univa tutte le generazioni, dalle nonne impegnate nel preparare il cibo di conforto ai nipotini che trotterellavano in vigna, è un ricordo lontano. Interi borghi ruotavano in questo periodo attorno al rito e alle fatiche della raccolta e alla fine, in tutta Europa, si celebravano grandi feste di fine vendemmia che fanno parte del patrimonio folcloristico. Basti evocare « *La nebbia a gl'irti colli* » e già sentiamo il profumo del mosto o meglio « *va l'aspro odor de i vini / l'anime a rallegrar* ».

Dunque, risolto il problema della manovalanza, si può organizzare la raccolta a mano, in cassette da 12-15 chili massimo, che servono per trasportare i grappoli integri, altrimenti – schiacciati dal loro stesso peso – gli acini lasciano fuoriuscire il succo provocando anche fenomeni di marcescenza, indesiderabili. Per ottenere risultati migliori, qualcuno usa il ghiaccio secco in vigna, perché anche temperature eccessive rischiano di compromettere la qualità dell'uva.

La vendemmiatrice meccanica è un capolavoro di tecnologia, le migliori fanno miracoli e costano cifre astronomiche. Il loro funzionamento è semplice: scavalcano il filare e sbatacchiano i grappoli sulla pianta provocando la caduta degli acini maturi che vengono raccolti dalla macchina, separati da impurità di verde, ad esempio le foglie. È evidente che con la vendemmia meccanica si rischia la spaccatura dell'acino e che manca anche una cernita dell'uva da parte dell'esperto vendemmiatore, che sa prelevare solo i grappoli migliori. Onestamente, però, segnaliamo che ci possono essere pessimi raccoglitori e ottime macchine tecnologicamente avanzate rispettose di numerosi dettagli. Molti vini di pregio, in effetti, sono frutto di vendemmie meccaniche.

Rimanendo in tema di tecnologia in vigna, c'è un aspetto molto attuale e importante, quello della viticoltura di precisione. Si tratta di un approccio moderno, utile in particolare per affrontare i cambiamenti climatici e anche per ottenere un risultato sempre più ambito, cioè quello di ridurre l'impatto della chimica nei vigneti. Nella viticoltura, soprattutto collinare, all'interno del medesimo vigneto vi sono aree caratterizzate da differenti composizioni e strutture del terreno, dalla presenza di umidità a vari livelli, da differente microclima e illuminazione. La tecnologia oggi consente di osservare queste microporzioni di terreno, ciascuna con un impatto diverso sulle viti che vi sono allevate, e di suggerire al viticoltore interventi specifici e precisi. Insomma, non è più sensato fare di tutt'erba un fascio... e per esempio si applicheranno fertilizzanti da una parte e fungicidi dall'altra, quanto basta e quando serve. Una grande conquista.

3.

In cantina
(della metamorfosi gioiosa dal succo d'uva al vino)

Dalla vigna alla cantina, è arrivato il momento in cui il grande lavoro della vite, della terra e dell'uomo giunge nelle mani di enologi e cantinieri, i grappoli devono diventare succo, il succo mosto e il mosto vino. Anche in cantina ci troviamo di fronte a centinaia di scelte, a partire da come trattiamo questi grappoli. Qualcuno, in attesa di gettarli nella pigiatrice, o nella diraspatrice, pensa bene di far riposare le uve in frigo, a 4-5 gradi, per mantenerle fresche, prevenire l'inizio indesiderato di fermentazioni e anche per estrarre composti aromatici dalle bucce. Si parla di criomacerazione, per i bianchi, quando si lascia il pigiato a basse temperature per alcune ore oppure quando, prima di pigiare, si porta la temperatura sotto zero, congelando gli acini con lo scopo di disidratarli e concentrare gli zuccheri. Insomma il freddo è divenuto un grande alleato in cantina. Abbiamo già parlato del ghiaccio secco, a volte utilizzato sin dal vigneto durante la raccolta: capita anche spesso di osservare una coltre di CO_2 liquida, una specie di nebbiolina gelida, nella vasca della pigiadiraspatrice, cosicché i grappoli, mentre vi cadono, restano in atmosfera protetta, cioè al riparo dall'ossigeno che è un grande nemico in questa fase. Una lezione importante dell'enologia moderna, infatti, riguarda proprio la necessità di lavorare, specie nelle fasi iniziali (la raccolta, la pigiatura) e finali (imbottigliamento) preservando il prodotto dagli effetti nefasti dell'ossigeno, il quale invece è prezioso e deve essere oculatamente gestito *durante* la fermentazione e l'affinamento.

Per inciso, la scienza enologica, in questi anni, è meno appetita dai ragazzi che sognano di fare vino, rispetto alla nobiltà del lavoro in vigna... ma ricordiamo che illustri scienziati l'hanno studiata e sviluppata, compreso un certo Louis Pasteur, alle cui osservazioni al microscopio si deve davvero tanto (in assoluto): i suoi studi spaziarono dal ruolo dell'ossigeno nelle fermentazioni alle trasformazioni chimiche durante l'invecchiamento. Ovviamente preconizzò anche il riscaldamento (poi divenuto noto col termine «pastorizzazione») per prevenire le modificazioni e diede suggerimenti sui metodi di conservazione dei vini.

Ma dicevamo, diraspare o non diraspare? Questo è il problema, tornato di grande attualità nella produzione di vini rossi. A proposito, la differenza principale, tra vini bianchi e rossi in cantina, è la macerazione sulle bucce, dove risiede il «colore», per cui più lasciamo il mosto a contatto con le bucce dell'uva nera, maggiore sarà l'estrazione e tendenzialmente più scuro (e corposo) il vino. In particolare nei casi dei vini ottenuti da uve Syrah e Pinot Nero oggi è tornato di moda utilizzare parte dei raspi in fermentazione. Questa pratica tradizio-

nale (i nostri bisnonni non si ponevano il problema, pigiavano tutto) era stata abbandonata nella moderna enologia, perché in effetti il raspo può conferire aromi molto vegetali al vino (anche detti « verdi », cioè di raspo appunto, di foglie). Tuttavia, qualcuno si è reso conto che un tocco di raspo, magari una piccola percentuale, specie in alcune varietà, porta maggiore complessità al vino, e nel contempo leggerezza, donando un tocco di floreale che non guasta, accanto alle note olfattive di frutti rossi. Nei casi estremi, in cui si utilizzano tutti i grappoli interi, non diraspati, si usa parlare di « *vendange entière* », come fa ad esempio con il suo Syrah Ido Lewinsohn in Israele, un amico winemaker particolarmente innovativo, realizzando un vino incredibile che unisce la maturità di frutti raccolti in un clima assolato e caldo con un tocco di freschezza davvero benefico.

Ovviamente oltre alla scelta se pigiare con o senza raspi, l'enologo dovrà prendere altre importanti decisioni sul tipo di macchina pigiatrice e sul livello di pressatura, a seconda che si voglia estrarre più o meno materia dalle bucce degli acini. La questione diventa poi di fondamentale importanza nel caso della produzione di vini spumanti. Se vi capita di visitare le *maison* della Champagne, o anche di Franciacorta o nel Trentino, insomma terre spumantistiche d'eccellenza, non può mancare un elogio della « pressa », responsabile dell'estrazione della frazione più pura del succo delle uve, in modo da ottenere il miglior spumante possibile. Ricordo l'eccitazione negli occhi di Geoffroy, prestigioso produttore in Champagne, dinnanzi al suo *pressoir*.

Nella Champagne, al loro arrivo al centro di pressatura, le uve sono pesate e registrate. In fase di pressatura (o spremitura), ogni partita (normalmente di 4000 chilogrammi) è annotata sul *carnet de pressoir*, particella per particella (di vigna) e vitigno per vitigno. Da 4000 chili di uve è possibile ricavare 25,50 ettolitri di mosto, sovente divisi in 20,50 hl che costituiscono la *cuvée* e i successivi 5 hl della cosiddetta *taille*. La *cuvée*, ossia il succo più puro estratto dalla polpa, ricco di zuccheri, acido tartarico e malico, dà vini eleganti, con una buona freschezza al palato e una maggiore attitudine all'invecchiamento. La *taille*, pur ricca di zuccheri, ha meno acidi e più sali minerali (soprattutto potassio) e più materia colorante: dà vini dagli aromi intensi, più fruttati in gioventù, ma meno longevi.

Anche nel caso della produzione di vini fermi bianchi e rossi, la pressatura è decisiva e le migliori cantine si dotano di macchine sofisticate (leggi: « delicate ») come le rinomate Bucher, considerate le Ferrari della cantina (forse anche perché di colore rosso fiammante). Sono presse pneumatiche, con un sacco all'interno che, gonfiandosi, spreme i grappoli con la forza desiderata dall'enologo. Va da sé che il tutto avviene « sotto gas inerte », come dicevamo relativamente alla necessità di evitare l'ossigeno.

Abbiamo speso tante parole per spiegare i segreti della buona spremitura delle uve da « base spumante » (ovvero il vino che verrà poi sottoposto a una seconda fermentazione, quella che genererà le bollicine), ma ora vediamo quali sono le differenze fondamentali nel processo di produzione di vini bianchi, rossi e spumanti, per l'appunto.

Partiamo dai bianchi: innanzitutto le uve bianche sono generalmente raccolte prima di quelle nere per mantenere più alta l'acidità. Vengono diraspate (vedi sopra) e pressate per separare immediatamente il mosto dalle bucce e dai semi. Il mosto fermenta più spesso in grandi vasche di materiale inerte (acciaio, cemento) a temperatura controllata, più bassa rispetto a quella dei rossi (per mantenere i delicati profumi che ci aspettiamo di ritrovare nel vino). Completata la fermentazione, quello che a questo stadio possiamo chiamare finalmente « vino » matura o in acciaio o in cemento o in legno (di varie misure, come spiegheremo a breve) e tutti i vini pregiati terminano il viaggio con un minimo di affinamento (cioè la maturazione) in bottiglia. Alcuni bianchi, molti bianchi a Bordeaux e in Borgogna, ad esempio, fermentano direttamente in botti (barrique, solitamente, da 225 litri): vi è una distinzione fondamentale tra la fermentazione in legno o il solo affinamento.[1] Capiterà di incontrare, ai banchi d'assaggio delle fiere, il saccente che si indignerà perché il vino è stato *addirittura* fermentato in botte, mentre gli enologi sono concordi nel ritenere che, anzi, il vituperato sentore di vaniglia, normalmente associato alla barrique, sia molto meglio integrato nel bouquet del vino quando questo già fermenta nel legno e sia più evidente e « slegato » (come usano dire alcuni degustatori) se il vino ha solo soggiornato post-fermentazione nel legno, specialmente se nuovo (se nuove, infatti, le doghe rilasciano più sostanze aromatiche, di cui sono naturalmente più cariche all'inizio).

Nel vinificare i rossi (e i rosati), la differenza sostanziale è che le bucce e i vinaccioli restano nella vasca a contatto col mosto durante la fermentazione. Il resto è paragonabile. Dunque la variabile chiave, quando ci informiamo su un vino

Il legno: botti e barrique

Se c'è un argomento su cui i wine lover si accapigliano, questo è l'uso del legno nella produzione del vino. Tradizionalmente, a ben vedere, non c'era altro che legno, legno grande, legno vecchio che spesso, a dirla tutta, rilasciava nel liquido anche quella nota « polverosa » leggermente muffita da cantina vecchia e poco pulita. A parte il fatto che le perversioni esistono e vanno rispettate (c'è anche chi apprezza il sentore di « brett »),[2] il tema legni è decisivo nella produzione di vini di pregio. Sono pochi infatti i prodotti di alta classe, e prezzo conseguente, che ne fanno a meno, perché senza dubbio la maturazione in botti,

1 Si veda sotto, il box « Il legno: botti e barrique ».

2 Da « *Brettanomyces* », un ceppo di lievito che si moltiplica in ambienti insalubri e che lascia nel vino una nota di straccio bagnato o cartone ammuffito.

rosso, è la durata della macerazione delle bucce nel mosto (che nel caso dei rosati è molto breve): questa varia da due settimane (per la maggior parte dei Pinot Nero) a un mese (in alcuni Barolo). E non solo la durata è decisiva: gli enologi hanno a disposizione diverse tecniche di estrazione delle sostanze contenute nelle bucce (colore, tannini...) per raggiungere lo stile di vino desiderato. In sostanza, le vinacce (bucce e vinaccioli) tendono a portarsi sulla superficie della vasca (formano il cosiddetto « cappello ») spinte dall'anidride carbonica generata durante la fermentazione, e l'enologo deve tenere innanzitutto umido il cappello (perché se si asciuga troppo rilascia odori indesiderati e secchezza al palato), ma non solo: se desidera che il mosto benefici maggiormente dell'estrazione dalle bucce opera alcune operazioni dai nomi curiosi: rimontaggio (pompa il mosto dal fondo e lo riversa sul cappello) e

grandi o piccole che siano, dona complessità al vino, maggiore struttura e capacità di invecchiamento. Purtroppo, negli anni Duemila, l'abuso della barrique, il barile da 225 litri, che se nuovo lascia nel vino un intenso profumo di vaniglia, ha portato a una sorta di rigetto da parte del pubblico, tanto che la domanda: « Matura in barrique? » durante gli eventi vinicoli è sempre più temuta dagli enologi che non sanno mai se si trovano di fronte a un hater della barrique o a un appassionato dall'approccio più laico, tanto che – a volte mentendo – vi risponderanno spesso con un sibillino: « Sì, invecchia in barrique... ma usata, eh! Non nuova! », a scanso di equivoci.

follatura (in inglese, più chiaro come sempre: *punching-down*, ossia con un attrezzo si spinge il cappello verso il basso, rompendolo e ribagnandolo). Conclusa la fermentazione, il vino rosso andrà – spesso – nelle botti per l'affinamento oppure in una vasca d'acciaio o di cemento, se lo stile non prevede « legno », come nel caso di una Barbera giovane, di un Sangiovese da consumo immediato eccetera.

Oppure diranno: « botte grande » anche se « piccola ». Tutto per rasserenare il consumatore assicurandogli che il vino non risulterà una spremuta di trucioli da falegnameria, come in effetti se ne assaggiavano qualche anno fa.

Ma, a questo punto, una breve nota sulla fermentazione: è il passaggio cruciale, quello che trasforma un succo d'uva in vino. I protagonisti del miracolo si chiamano lieviti, microrganismi che si mangiano gli zuccheri contenuti nel succo, trasformandoli in alcol. Ogni sedici grammi di zucchero, un punto percentuale d'alcol, rilasciando come prodotto di « scarto » l'anidride carbonica. Ecco perché Carducci canta « *il ribollir de' tini* » e anche perché nella nostra lingua usiamo la metafora « in fermento » quando c'è del movimento vivace nella società. Addirittura, tecnicamente, il processo è anche definito « fermentazione tumultuosa », che suona quasi tautologico, anche se in effetti a questa fase movimentata ne segue una più silenziosa, di assestamento e completamento del processo. La questione « lieviti » è cruciale, sul tema esiste un'ampia letteratura, e potreste vedere persone accapigliarsi per questo microscopico elemento. Una volta tutto avveniva spontaneamente, ora si usano invece soprattutto lieviti selezionati (del tipo *Saccharomyces ce-*

revisiae, quello della birra). Infatti, i lieviti sono dappertutto e molti sulle bucce dell'acino stesso, trattenuti direi « appositamente », per quei meravigliosi meccanismi della natura, dalla pruina, una sostanza appiccicosa.

Solo che, ad affidarsi totalmente alla natura, non sempre le cose funzionano: talvolta la fermentazione non parte, come dicono in cantina, oppure parte e poi si blocca a metà (sciagura!). Questo perché i lieviti non erano sufficienti, non erano del ceppo giusto, perché l'uva era troppo zuccherina, troppo acida, troppo poco... le variabili, ormai lo sappiamo, sono molteplici. Allo scopo di garantirsi una fermentazione adeguata, gli enologi, tenuto conto del livello zuccherino del vino e del pH (una misura dell'acidità), utilizzano ceppi di lievito, aggiunti al mosto, che essendo appositamente selezionati innescano la fermentazione e la completano con bassissimi margini d'errore.

Quale il prezzo da pagare per questo « aiutino »? Secondo alcuni, visto che i ceppi utilizzati, perlopiù distribuiti da multinazionali, sono tutti simili, il rischio è che questi lieviti standardizzino il risultato. In realtà non è proprio così, dato che le variabili in gioco sono innumerevoli e gusto e profumo del vino non sono direttamente generati dai lieviti. A sostegno di una tesi contraria però è corretto ammettere che alcuni enologi utilizzano lieviti capaci di evidenziare alcuni profumi particolarmente apprezzati da alcuni consumatori, specialmente nei bianchi, come il classico sentore agrumato del Sauvignon Blanc. In definitiva, non vi è dubbio che, ove possibile, usare i cosiddetti lieviti « indigeni » (attenzione, nel lessico vinicolo i vitigni sono « autoctoni », i lieviti « indigeni ») possa aiutare l'enologo a esprimere in maniera ancor più potente il terroir, la specificità del luogo, salvo guastare tutto, cioè l'espressione sia dell'uva sia del suolo in caso di imprevisti accidentali o veri e propri errori. Il discorso, come sempre, è complesso ed è bello accettarne la complessità, indagando sull'argomento. Vi sono sempre più spesso casi di compromessi, ossia di lieviti indigeni-selezionati, come ha fatto l'azienda Masi in Valpolicella, identificando un ceppo presente nella propria cantina che dava risultati egregi e chiamandolo Masy.

Legata al tema dei lieviti, vi è un'avventura indimenticabile vissuta alcuni anni fa (ecco perché è tanto bello occuparsi di vino... persino quando si tratta di biologia). Fui invitato a Linosa, magnifica isola del Mediterraneo, attratto dall'entusiasmo dell'enologa Graziana Grassini e del ricercatore Daniele Oliva dell'Istituto della Vite e del Vino di Palermo, che avevano scoperto un fatto davvero curioso: sull'isola esisteva un solo ceppo di lievito, con cui vinificavano un ottimo vino dolce. Prendendo spunto da Pantelleria (anch'essa isola vulcanica), i ricercatori avevano piantato un vigneto sperimentale di Zibibbo (anche di biotipi locali) valorizzando la presenza sull'isola di piccoli appezzamenti di questa varietà, ormai in fase di abbandono. Le condizioni « estreme » di Linosa – suolo vulcanico, piovosità inferiore a Pantelleria, venti incessanti, influssi marini – portano alla produzione di vini di grande personalità e ricchezza gustativa. Uno spunto per sviluppare l'economia locale, tutelando al contempo il territorio contro i fenomeni erosivi. Un vino davvero raro, che purtroppo è rimasto limitato all'uso locale, poiché è troppo complicato e antieconomico imbottigliarlo in tiratura sufficiente da poterne fare un business. Comunque, noi partimmo tutti per Linosa e rischiammo di rimanere lì, perché approdare sull'isola è molto complicato e dopo il nostro arrivo cambiò il tempo. Dunque il vino ha avuto anche il merito di farmi vivere qualche ora da Robinson Crusoe.

Due parole sui vini spumanti e frizzanti. La differenza tra i due è una questione di bar, nel senso di pressione. I frizzanti contengono in bottiglia una pressione tra 1 e 2,5 bar, mentre gli spumanti vanno oltre i 3,5 bar. Ecco perché vi è una differenza anche nel tappo, che per gli spumanti dev'essere più resistente, altrimenti la bottiglia rischia di esplodere: avrete infatti notato che gli spumanti sono dotati di quello strano tappo « a fungo » che, per avere maggiori garanzie di tenuta e affidabilità, viene anche saldamente ancorato alla bottiglia con una gabbietta metallica, quella che ci premuniamo di sganciare prima di far saltare il tappo dalla bottiglia (a proposito, parleremo di « bon ton » del vino nel capitolo 4), visto che il tappo dello spumante non dovrebbe « esplodere » – se non state festeggiando la vittoria di una gara di Formula 1 – ma è invece buona educazione farlo ruotare, estraendolo lentamente e silenziosamente dalla bottiglia. Per i frizzanti, che contengono meno pressione, si può usare anche il tappo « raso » (quello che per intenderci rimane raso rispetto alla bottiglia), in quanto il rischio di esplosioni è quasi nullo. Un esempio classico è l'Asti, l'apprezzato Moscato piemontese, che si divide in due mondi, l'Asti Spumante e il Moscato d'Asti, e la differenza sta in quanto descritto sinora.

Ma tornando al percorso che trasforma i grappoli in nettare dionisiaco, e nello specifico in spumante, che cosa accade di diverso rispetto ai vini fermi bianchi o rossi? È una questione di rifermentazione: ovvero una seconda fermentazione, una volta pronto il vino-base (che è fermo) da dotare di perlage in bottiglia. Sono due i metodi più diffusi, che generano stili di bollicine assai differenti: il Martinotti (o Charmat o Tank o « in autoclave ») e il Classico (o Traditional o « in bottiglia »). Nel primo caso la rifermentazione avviene in grandi serbatoi di acciaio, aggiungendo zucchero e lieviti (« *liqueur de tirage* »): il rapporto tra vino e lieviti è inferiore rispetto al secondo caso, quello della rifermentazione in bottiglia, dove in un piccolo contenitore convivono a stretto contatto il vino e i lieviti. Differenze? Principalmente due: nel caso del metodo Classico il perlage sarà più fine e concentrato e, fatto a mio avviso molto più importante, il bouquet sarà molto diverso e molto più intenso proporzionalmente alla permanenza dei lieviti nella bottiglia. Prendiamo ad esempio un metodo Classico con 5 anni (60 mesi) di permanenza in bottiglia: avrà un'intensa e caratteristica nota di brioche.

A parte il metodo seguito per ottenere le bollicine, naturalmente ci sono tante variabili che concorrono a determinare lo stile di uno spumante. Infatti, se per fare un vino fermo il produttore deve prendere migliaia di decisioni, con le bollicine anche di più. Non per nulla è considerato un vino « tecnico », intendendo con ciò che la mano dell'enologo pesa molto più della norma sul risultato finale. Ad esempio, quando si estraggono i lieviti, dopo la seconda fermentazione, per colmare le bottiglie che perdono del liquido nell'operazione di « sboccatura »,[3] si aggiunge la *liqueur d'expédition* ovvero si esegue il cosiddetto « dosaggio ». E qui si apre un mondo, che assilla gli appassionati di spumanti, perché la domanda sarà: di che cosa è composto il dosaggio? Tale *liqueur* può es-

3 Trattasi del *dégorgement*, alla francese. Quando l'enologo decide di interrompere il periodo di permanenza dei lieviti in bottiglia (una volta ottenuto lo spumante), si procede a portare i lieviti « in punta », cioè a farli scendere verso il tappo (che in questa fase è il classico tappo a corona, quello della birra, per intenderci). Si ghiaccia l'estremità della bottiglia e così avviene agilmente l'espulsione. Nell'operazione, tuttavia, si perde una parte di liquido, per cui poi si rabbocca la bottiglia.

sere infatti composta di zucchero, per arrotondare il prodotto, che spesso ha un'acidità spiccata (specialmente se viene da climi freddi, come nella Champagne), ma anche di Cognac o altro (conosco un caso di correzione con una parte di Passito di Pantelleria...). È evidente che il profilo organolettico dello spumante cambia anche drammaticamente. Anche solo l'aggiunta di zucchero (e dello stesso vino) comporta un serio cambiamento nello stile del prodotto. Quando leggiamo in etichetta Extra-Brut, Brut, Extra-Dry, Dry, il produttore ci informa proprio della quantità di zuccheri usati per il dosaggio e di conseguenza del livello di secchezza-dolcezza. Extra-Brut significa meno di 6 grammi di zuccheri per litro, Brut tra 6 e 12, Extra-Dry tra 12 e 17, Dry tra 17 e 32. Quindi, nonostante la fuorviante etichetta « Dry », che molti d'acchito traducono dall'inglese come « secco », questo tipo di spumante secco non è, anzi è decisamente abboccato.

Non tassate le bollicine

Una curiosità che riguarda un altro spumante di enorme successo, il Prosecco, e che concerne proprio l'apparentemente futile distinzione tra frizzanti e spumanti: le tasse. Nonostante la versione di Prosecco più diffusa nel mondo sia quella spumante, nel Regno Unito esportiamo un elevato numero di Prosecco « frizzante », tappato con il caratteristico spago o anche con tappo raso, e questo accade non per una reale preferenza dei consumatori, ma per una questione di tasse: l'accisa è infatti inferiore di addirittura tre sterline per un cartone da sei bottiglie rispetto alla versione spumante, per cui chi esporta spesso cerca di preservare il proprio margine di guadagno scegliendo la via del frizzante.

Considerato il trucchetto della *liqueur*, talvolta dosata con oculatezza, altre volte no, molti puristi appassionati di spumante oggi cercano la tipologia definita « non dosato », « Pas dosé » o semplicemente « Nature », cioè spumanti ai quali non sia stato aggiunto altro che lo stesso vino per rabboccare. Stop.

Tornando ai vini fermi, una volta pronti e più o meno affinati in botti di legno, bisognerà imbottigliarli. Se avete visitato qualche cantina avrete in mente quelle diaboliche macchine imbottigliatrici, in realtà utilissime, che a velocità variabile riempiono centinaia o migliaia di bottiglie in un giorno talvolta (e questo è molto raccomandabile) utilizzando l'azoto, per versare il vino in totale assenza d'ossigeno. Curioso è che alcune aziende vitivinicole, anche realtà prestigiose, non dispongano di questo « mostro » e si avvalgano del noleggio di un impianto mobile di imbottigliamento a domicilio.

Infine, il tappo. Non un capitolo, ma un libro si potrebbe scrivere su questo apparentemente secondario elemento, che è invece fondamentale. La questione ha almeno due risvolti importanti: uno psicologico, che riguarda i consumatori e la nostra percezione da appassionati di vino, l'altro tecnico alla cui base c'è la domanda: meglio il tappo di sughero o quello « tecnico », di altri materiali, o addirittura quello a vite? Perché a volte, giuro, è meglio quello a vite.

Vedo già l'appassionato/a che c'è in voi con gli occhi sgranati: vuoi mettere la poesia del tappo di sughero, il rito del cavatappi e del *plof* cui segue il gesto romantico dell'annusata al tappo?

Non c'è dubbio, e questo è il lato psicologico della faccenda: non è facile liberarsi da antiche gestualità. Ma effettivamente, è importante saper valutare con lucidità mentale le alternative ora che il problema del cosiddetto sentore « di tappo » è sempre più diffuso (a causa della scarsità del sughero e della rapidità con cui la muffa che conferisce quel cattivo odore contamina le partite di tappi) e che per ovviarlo è necessario effettuare trattamenti costosi, che si traducono in prezzi esorbitanti del singolo pezzo (che può costare anche 1,5 euro).

Dunque, partiamo dalla constatazione che il tappo non è una semplice chiusura che impedisce la dispersione del prezioso liquido. Il tappo è uno degli elementi decisivi per l'evoluzione del vino in bottiglia, che ha un suo ciclo di vita: spesso è ancora giovane all'immissione in commercio, poi migliora fino a raggiungere un *plateau*, una sommità che si mantiene per alcuni mesi o anni (a seconda del tipo di vino) e poi più o meno lentamente decade. Il processo dipende da alcuni elementi costitutivi del vino (struttura, acidità, tannini nei rossi) in interazione con l'ossigeno: più ne passa, più rapido sarà l'invecchiamento del vino. È chiaro che se il vino nasce un po' timido, « chiuso » come si dice in gergo, il contatto con abbondante ossigeno nei primi mesi lo porterà più rapidamente alla maturità. Altre volte, però, il prodotto invecchia troppo precocemente. L'enologo, tra le innumerevoli variabili da considerare, deve dunque riflettere anche sulla gestione dell'ossigeno. Esistono tappi sintetici per i quali è stato misurato esattamente l'interscambio con l'ossigeno esterno, per cui l'enologo potrà prevedere esattamente come evolverà il pro-

prio vino, cosa impossibile nel caso del tappo di sughero naturale, poiché ogni pezzo è diverso dall'altro anche in termini di porosità. Ultimamente in alcuni Paesi (Austria e Nuova Zelanda, ad esempio) utilizzano con grande soddisfazione il tappo a vite. In questo caso la tenuta dipende non tanto dal tappo esterno di metallo, ma dalla membrana interna: se di buona fattura, il liquido sarà quasi sigillato all'interno della bottiglia ed evolverà molto lentamente. Ho fatto diversi confronti del medesimo vino tappato con sughero e con tappo a vite e la differenza è davvero macroscopica. Certo, vogliamo mettere il rito del cavatappi con quel volgare svitamento più degno di una bibita gassata? Però, dobbiamo anche ampliare la visuale e pensare che in alcuni Paesi, dove l'uso del cavaturaccioli non è così diffuso tra la popolazione... il tappo a vite diviene essenziale.

4.

A tavola
(dire, fare, abbinare)

La palla ora passa a noi, santi bevitori. Come possiamo godere al meglio delle opere d'arte create nei vigneti del mondo? D'altronde, ammettiamolo: non solo non è facile farlo, il vino, ma non è un gioco da ragazzi neppure conoscerlo, apprezzarlo e parlarne. Forse uno dei motivi per cui il *connoisseur*, l'esperto di vini, oggi è tenuto in alta considerazione, sta proprio nel fatto che si tratta di una materia complessa che richiede dedizione. D'altra parte, anche saper leggere un capolavoro dell'arte figurativa o ascoltare musica classica richiedono conoscenza, oltre alla naturale sensibilità. Eccoci dunque a tavola. Questo capitolo lo racconteremo così: alla mia destra Luisa, avvocato divorzista, entusiasta bevitrice spontanea che desidera una guida, qualche consiglio pratico per scegliere meglio. Alla mia sinistra Antonio, commercialista che, se potesse, si licenzierebbe domani per dedicarsi allo studio, alla teoria e soprattutto alla pratica del vino. Tutto intorno, un pullulare di domande, che nemmeno al *question time* in Parlamento... perché in fondo ci piace tanto parlare di vino e cibo, soprattutto a tavola.

La prima domanda è di Luisa, mentre le propongo un Prosecco Superiore Docg di Farra di Soligo, un Prosecco cosiddetto « col fondo », cioè con rifermentazione in bottiglia, mantenuto sui suoi lieviti fino alla vendita. Spetta a chi lo stappa decidere se agitare la bottiglia per mescolare i lieviti, rendendo il vino un po' più corposo e più torbido, oppure versare lentamente senza agitare, per avere nel calice un vino limpido e più delicato.

Apprezzando la ricchezza aromatica del vino, Luisa ammette di comprare il vino al supermercato e si dispiace perché non trova certe specialità. Quello della scarsa qualità del vino nella grande distribuzione organizzata (in gergo Gdo), ovvero dove la maggioranza dei consumatori fa la spesa (alcolici compresi), è un luogo comune. Innanzitutto, dipende dal supermercato: Esselunga e Ipercoop, ad esempio, vantano una buona selezione. Oppure alcune insegne in franchising (come Conad) si riforniscono di grandi etichette in zone ricche di grandi città come Milano. Tutti i supermercati, Eataly compreso, offrono etichette di largo consumo accanto a una selezione di vini scelti per andare incontro al crescente pubblico degli appassionati di vino. Spulciando tra gli scaffali troviamo anche prodotti di nicchia. Certo, conoscere diventa essenziale, in mancanza di un sommelier nei paraggi (che è a disposizione del pubblico anche presso alcuni operatori con grandi superfici espositive). Se mancano vini davvero di nicchia, da due-tremila bottiglie, ovviamente è per l'impossibilità del vignaiolo di gestire anche la Gdo, con il rischio di cedere a questa tutta la produzione.

Certo, Luisa è ben consapevole che sotto certi prezzi non deve azzardarsi: a meno di cinque euro, basta che facciate due conti « della serva », che cosa pretendete? Bottiglia, tappo, etichetta, spese di spedizione, coltivazione e raccolta delle uve (o acquisto del vino), margine di guadagno del produttore e del negozio: come si può pensare di trovarsi di fronte a un vino di qualità? A quel punto, scatta la domanda di Antonio: « Ma dimmi, allora, che cosa ci mettono nel vino in cartone? È fatto con le polverine, vero? » La mia risposta, a una domanda davvero classica, è la seguente: no! È fatto con l'uva. Certo, uva prodotta in alta quantità diluita (le alte rese per ettaro implicano un'alta densità di piante, il che consente, a parità di superficie, di produrre una maggiore quantità di vino, a discapito della qualità: si veda il capitolo 2), per nulla espressiva del territorio d'origine poiché sono uve o vini acquistati in tutta Italia da diversi viticoltori a centinaia di chilometri di distanza. Non a caso si tratta di « vino da tavola », né Doc né Igt (si veda il box « Che cos'è una Doc »). Certo si tratta di vino prodotto su scala enorme e ovviamente l'enologo l'avrà stabilizzato, perché mantenga il colore, l'avrà filtrato perché non si alteri facilmente e avrà immesso parecchi solfiti, per conservarlo... nulla di veramente nocivo, ma il vero quesito è: « Perché lo bevi? » Dato che questi vini sono poco più saporiti dell'acqua del rubinetto, dopo essersi abituati a profumi e gusti decisi, quelli dei vini di pregio, è quasi impossibile tornare indietro. Però, costano poco, e nella loro semplicità soddisfano un bisogno ancora esistente in un Paese d'origine contadina come l'Italia: il vino a pranzo e cena, il cosiddetto vino « quotidiano ». In effetti pensate ai nonni o bisnonni che ne bevevano (complice anche il basso grado alcolico, attorno agli 11 gradi) un litro al giorno, per trenta giorni: anche il vino più economico peserà circa 35 euro sul mese. Se passiamo a una bottiglia semplice da 4-5 euro balziamo a 135 euro al mese, magari su 600 di pensione. E se in campagna possono rifornirsi in qualche Cantina sociale o dal contadino, munendosi di taniche, in città o lontano dalle vigne che si fa?

« Già, i solfiti », ricorda Luisa, « è vero che sono nocivi? A me fanno scoppiare la testa! Ma perché mi dà fastidio soprattutto il vino bianco? » Il tema dei solfiti è di gran moda nei salotti. Si trovano diversi vini « senza solfiti aggiunti », nel segmento dei vini « naturali ». Intanto, appunto, specifichiamo « aggiunti » perché un vino « zero solfiti » non esiste, perché i solfiti sono prodotti naturalmente con la fermentazione. L'aggiunta è finalizzata a una migliore conservazione del vino. In ordine crescente, i vini che in genere contengono più solfiti sono i rossi,

Vino e bon ton

Può essere utile conoscere alcune regole basilari sul servizio del vino a tavola. La persona elegante non versa reggendo la bottiglia dal corpo principale, cioè dove sta l'etichetta, ma la afferra dal fondo. È meglio, prima di mescere, usare uno di quegli utilissimi salvagoccia oppure reggere, nella mano libera, un tovagliolino di servizio per asciugare l'eventuale goccia ribelle. Si parte, ovviamente, dalle signore al tavolo e si serve dalla destra, con l'etichetta rivolta verso il commensale, così che possa vedere che cosa sta per bere.

L'uso del decanter è utile nel caso di rossi di medio o lungo invecchiamento, ma non travasate un Montepulciano giovane, non serve a niente se non a esibire il vostro giocattolo di cristali bianchi e gli spumanti, i vini dolci. Questi ultimi necessitano di una maggiore quantità di solfiti perché contengono zucchero « non svolto », cioè non trasformato in alcol, e rischiano facilmente di fermentare in bottiglia. Ecco perché l'aggiunta di anidride solforosa (SO_2), inibendo l'attività dei microrganismi, dei batteri come dei lieviti, mantiene il vino stabile. È bene tenere presente che si parla tanto dei solfiti nel vino, ma la frutta secca, tanto per fare un esempio, ne contiene il quadruplo o il quintuplo. E l'anidride solforosa è uno dei conservanti più usati dell'alimentare. Pertanto, Luisa, duole dirlo (anche a me stesso), ma ciò che può provocare il male di testa, a meno che tu non sia effettivamente intollerante ai solfiti in generale, è l'alcol (che costituisce tra l'11 e il 15% del vino). Se lo senti più nel vino bianco, probabilmente, è perché – scorrendo più leggiadro – ne bevi di più.

Antonio si scalda sull'argomento, che a questo punto in-

lo. Anche un bianco invecchiato (dai 4 anni in su) può beneficiare di un passaggio nel decanter, poco prima di servirlo in tavola. Il rosso invecchiato andrebbe stappato e appunto magari decantato un paio di ore prima del servizio.

Temperature: sono un sostenitore del vino fresco, anche se rosso. Non ascoltiamo chi ci impone il Barolo a « temperatura ambiente », che in appartamento a Milano o a Roma vuol dire 25 gradi d'inverno e 35 d'estate. Abbattiamolo (di temperatura!) mettendolo in frigo un'oretta prima di berlo, fino a raggiungere i 14-16 gradi, anche un filo meno per un rosso leggero, come un Pinot Nero. I bianchi tra i 5 e 6 gradi se giovani e fruttati, 6-8 se più invecchiati o complessi. Gli spumanti, sempre a 4-6 gradi, a meno che non si tratti di vini invecchiati, allora anche 8-10.

fiamma la tavolata, divisa in due partiti: la destra (il vino fa male, comunque, bisognerebbe attuare politiche più severe per prevenire l'alcolismo) e la sinistra (il vino fa bene, è parte della nostra cultura!). Il lato divertente della discussione è che in questo momento le parti politiche si mescolano in cordate trasversali. Infatti, ad esempio, è un filosofo conservatore inglese, Roger Scruton, ad aver scritto il più recente e accorato appello pro-vino. Il suo manuale di filosofia del vino *Bevo dunque sono* è di enorme interesse e sostiene che il vino non sia semplicemente un antico *segno* di civiltà, ma che *sia* la civiltà occidentale. Sono invece alcuni superprogressisti Paesi scandinavi a gestire la vendita del vino attraverso il monopolio da parte dello Stato, con severe limitazioni alla promozione della bevanda. In ogni modo, è curioso pensare che a fine anni Novanta, negli Stati Uniti, furono pochi minuti di un programma trasmesso a milioni di americani, a cambiare il mercato internazionale del vino: si parlava del *French paradox*, cioè di alcuni studi epidemiologici che in Francia avevano messo in evidenza come, nonostante la dieta ricca di grassi, il bilancio di salute locale rimanesse molto positivo, e il merito veniva attribuito al consumo di vino rosso, che contiene il resveratrolo, uno dei polifenoli estratti dalle bucce delle uve nere, che svolge un'intensa attività antiossidante. L'America sterzò immediatamente dai bianchi ai rossi e un'ondata di ottimismo sugli effetti benefici del vino sulla salute travolse il mondo. Ritengo che sia un mio diritto, per il quale mi batterei in trincea, quello di godere di questo straordinario dono naturale e culturale che è il vino, ma bisogna anche mantenere la lucidità intellettuale: il vino non fa bene alla salute, di per sé, a causa dell'alcol che è e rimarrà sempre sostanza tossica per l'organismo. Certo, assunto in dosi moderate, il complesso dei suoi costituenti (alcol e resveratrolo compresi) porta benefici al corpo e certamente all'umore, alla coppia, alla socialità. Costanza, che è medico, scuote la testa: « Meglio di no, meglio evitare ».

È qui che Antonio si vanta del fatto che l'Organizzazione mondiale della sanità (Oms) suggerisce una dose quotidiana superiore per l'uomo (2-3 unità alcoliche, corrispondenti grosso modo a calici medi, contro 1-2 per le donne). Luisa rivendica la parità di genere anche nel bicchiere, e pretende di dividere ciò che resta del Prosecco.

Ma le domande più pratiche, al desco, le pone sempre Alessandro, il social media manager. « Ho appena comprato una cantinetta da vino a doppia temperatura, come la imposto? »

« Sì, ma le bottiglie non è meglio conservarle in verticale? » interrompe l'architetto, Valentina, che aggiunge: « Così non si rischia la fuoriuscita del liquido ». Dunque, le bottiglie è meglio conservarle coricate: specialmente se tappate con sughero, il liquido imbeve il materiale e impedisce lo scambio con l'ossigeno all'esterno. Se invece la chiusura è alternativa, ad esempio un Riesling austriaco con tappo a vite, allora potrebbe essere meglio mantenerla in verticale, perché così la superficie di vino a contatto con l'ossigeno si riduce. Ad Alessandro dico: « 5 gradi per i bianchi e 15 per i rossi ».

« Non è troppo bassa, per i rossi? » insiste lui. A mio avviso no, perché quando diciamo che i rossi corposi andrebbero serviti « a temperatura ambiente », pensiamo tradizionalmente alle cantine di campagna non alle mensole della mia cucina milanese. Quindi, da quando il vino viene estratto dalla cantinetta, stappato, appoggiato sul tavolo e servito... sarà vicino alla temperatura ideale di 18 gradi. « Ma un rosso, non lo scaraffo nel decanter? » si preoccupa l'architetto.

Ah! Il decanter... e la decantazione: « Quanto tempo prima devo stappare questo o quel vino? »

Il vino, che è materia viva, mentre invecchia in bottiglia è costretto in una prigione, in una cella minuscola. Gli effetti, al suo rilascio, possono essere i più diversi, può spezzarsi, per cui va versato con lentezza e cura nei calici, senza decantazione; oppure va stimolato, scosso e sottoposto allo shock di un rapido versamento nel decanter, dove lasciarlo a respirare per qualche ora, in modo tale che da « chiuso » torni « aperto » ed espressivo, più profumato e gradevole. OFF/ON insomma. La difficoltà è capire quale vino decantare e quale no? Un consiglio pratico è non decantare gli estremi (vino molto giovane, la cosa non avrebbe senso, oppure molto vecchio e fragile) e decantare i rossi tra i 5 e i 30 anni di vita. Tra i 5 e i 10 anni un'ora o due di ossigeno sono più che sufficienti, oltre ci si può spingere sulle 3-4 ore di stappatura (magari senza versare nel decanter, ma semplicemente lasciando respirare la bottiglia).

A proposito di bianchi, generalmente non si scaraffano, ma ve ne sono alcuni che contengono tannini, perché sono stati lasciati più o meno a lungo a contatto con le bucce, al punto che alcuni sono addirittura « orange », arancioni: in questo caso il vino beneficerà di un poco di ossigenazione, e caraffa o decanter.

A questo punto, tra i commensali monta la curiosità su tutti gli accessori del vino, in particolare sulla delicata questione « bicchieri », che schiude una babele di proposte. Se il sapore di un rosso contadino può essere poetico in un bicchiere tozzo di vetro, è pur vero che un grande vino può essere svilito, se non ammazzato, da un calice sbagliato.

Partiamo dallo Champagne o da un metodo Classico, ad esempio: meglio evitare la flûte stretta e lunga, che penalizza il perlage e mortifica i profumi, spingendo le bolle dritte nelle radici del naso, il che è fastidioso. E la coppa, che si dice modellata sul seno di Maria Antonietta? Aristocratica, vintage,

ammetto che non mi dispiace, ma... *in vino veritas*: una divinità in tema di calici mi ha risposto, quando gli ho posto l'opzione coppa: « Va bene, se ti piace sentire solo le bolle e nient'altro ». Mortifica il profumo e la struttura del vino.

Insomma, con successo da anni utilizzo il calice medio da vino bianco, in mancanza di una bella flûte, cioè di quelle un po' panciute, più strette e affusolate del calice da bianco, ma non troppo.

Per i rossi, lo scenografico ballon è un ottimo strumento per i rossi corposi e invecchiati (Barolo, Brunello di Montalcino, Amarone della Valpolicella), con lo stelo alto per non scaldare il vino mentre lo si regge. Simile è il bicchiere da Cognac, più piccolo di dimensione e con lo stelo corto perché, al contrario, il distillato va scaldato per sprigionarne i profumi.

Per i rossi meno corposi, e profumati, come il Pinot Nero, il calice sarà più stretto e rastremato. Per i bianchi ancor più stretto, per convogliare meglio i delicati profumi di mela, pesca, agrumi eccetera. Esiste una linea di calici professionali, pensati, realizzati e testati per specifiche varietà: il calice da Nebbiolo, da Cabernet, da Pinot, da Syrah. Quella del calice corretto può sembrare una fissazione, ma posso garantire che lo stesso vino in tre calici diversi sembra... tre vini diversi. E ce n'è sempre uno migliore dei tre.

Il clima a tavola, alla terza bottiglia (un Sangiovese schietto e fine della zona del Chianti Classico), si ammorbidisce mentre i commensali apprezzano l'abbinamento di questo vino con i pici al ragù di cinghiale. « Fantastico! Ma perché inseguire le novità, quando troviamo già tutto nella tradizione? » E Antonio che ironizza su alcune stramberie: « Ma che mi dici di quelli che a Natale chiedono lo spumante secco col panettone? »

Parliamo di abbinamenti? Premesso che l'Associazione Italiana Sommelier dedica un intero corso (il terzo e ultimo livello) all'abbinamento cibo-vino, con grafici parascientifici, esistono diverse scuole di pensiero in tema di abbinamenti: quella inglese (« bevo quello che ho voglia di bere, del cibo chi se ne importa, si adatterà ») che adoro, quella francese (« evitati gli errori marchiani, come il dolce col secchissimo, o l'amaro con l'acido, il resto è tutto ok ») che è molto saggia e poi c'è appunto l'italiana, che vede un accostamento per concordanza (ad esempio, sapido con sapido, dolce con dolce) o per contrapposizione (una pietanza grassa sarà ben bilanciata dall'effervescenza o dall'acidità o dal tannino). È un po' laboriosa, come dicevamo, ma certamente la scuola della *sommellerie* italiana è sofisticata e capace di creare perfette armonie nel piatto. Non stupisce quindi che noi, avendo in media una buona cultura enogastronomica, caschiamo normalmente in piedi affidandoci agli abbinamenti della tradizione, che non a caso si sono cristallizzati. Qualche esempio: la bistecca alla fiorentina e il Chianti (succulenza della carne al sangue contrastata da buona acidità e tannino), brodetto alla marchigiana e Verdicchio dei Castelli di Jesi (concordanze di sapidità e buona acidità per contrastare la succulenza del piatto), pizzoccheri valtellinesi e Chiavennasca (che è un Nebbiolo, quindi tannino e struttura da vendere a bilanciare l'untuosità saporita del piatto). Tornando al panettone: vino dolce e fresco, il classico Moscato

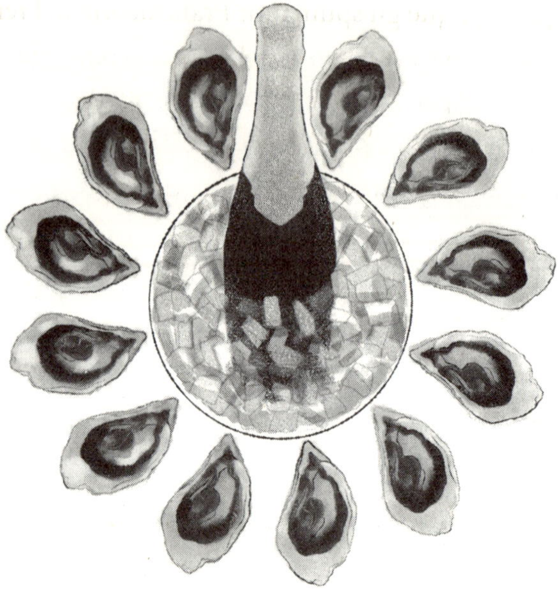

d'Asti, o niente. Se abbiniamo un Franciacorta, distruggiamo l'uno e l'altro.

Un capitolo particolarmente ghiotto riguarda l'accostamento vini e formaggi: esistono anche testi in materia, considerata la sterminata varietà degli uni e degli altri. Quelli freschi, di vaccino, così delicati e pannosi, necessitano di morbidezza anche nel calice e bassa acidità, quale contrappeso a quella già importante del formaggio, e un tocco di aromaticità per rendere tutto più intrigante: Grillo siciliano, Fiano Minutolo pugliese, Greco Bianco calabrese o per sorprenderci, un'intensa Malvasia Secca dai Colli Piacentini.

Caprini e pecorini, dal gusto più deciso, richiedono un minimo di struttura nel vino e la loro capacità di presa sul palato non disdegna dunque gli spumanti: Franciacorta o Trentodoc, o Champagne perché no, con una buona percentuale di Pinot Nero nel blend (per cui non Blanc des Blancs)[1] vanno alla grande, ma oserei anche un Cava catalano, con le sue note di erbe aromatiche, timo e salvia, accompagnate da buona struttura.

Il gioco si fa duro però quando entriamo in zona erborinati o affinamenti vari (in foglie di noce, di vite... fino al Fossa marchigiano, di rara intensità): a quel punto è fondamentale capire esattamente com'è stato elaborato il formaggio. Un classico, in ogni modo, è il « matrimonio tra muffe » e uno dei vertici, a mio parere, del piacere gusto-olfattivo si raggiunge assaporando insieme blu di capra, zola naturale o Roquefort e vini dolci muffati, ossia ottenuti da uve botritizzate, come Sauternes e Barsac.

1 Ottenuti da sole uve bianche, per lo più Chardonnay, sono vini freschi ed eleganti, fruttati, perfetti per aperitivi con i frutti di mare.

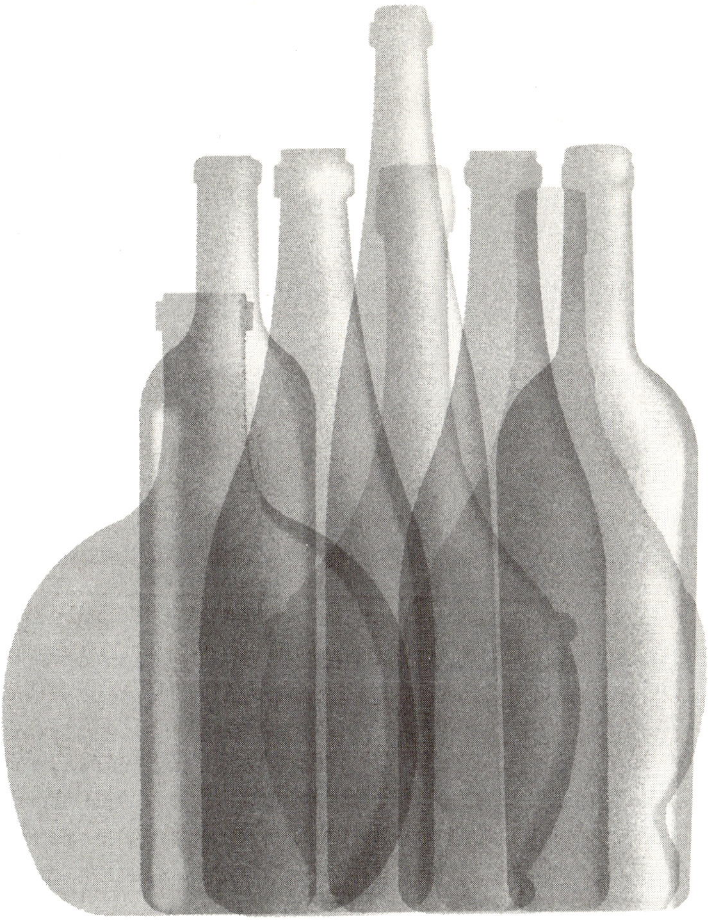

SECONDA PARTE

LA BOTTIGLIA

5.

Breve e faziosa storia del vino
(da Noè ad Al Bano)

Uno dei momenti più belli della mia storia professionale risale a cinque anni fa. Non fu il conferimento di un premio giornalistico né quando diventai direttore di *Civiltà del bere*, ma una lezione sul vino che tenni a un pubblico speciale: la classe di mia figlia Elisa, terza elementare a Milano. La maestra Giovanna avrebbe portato i suoi alunni in campagna a vedere la vendemmia (brava maestra, dato che qui in città molti bambini non hanno mai visto una gallina, figuriamoci una vigna) e il papà esperto fu chiamato come volontario a spiegare il vino. Tensione alle stelle. Da dove partire? Niente degustazioni, ovviamente. Dunque partimmo da Noè. E così farò adesso. (Spoiler sulla lezione: andò talmente bene che la settimana successiva fui inondato da disegni dei bambini che avevano riprodotto alcuni passaggi del mio discorso.)

Ragazzi, dico a tutti voi, ci rendiamo conto che il vino è un pilastro della nostra civiltà? Non è solo una bevanda, è un simbolo, è nutrimento culturale. Dunque, apriamo la Bibbia: Noè salva l'umanità e tutte le creature con la sua mitica arca. Qual è il suo primo gesto appena mette piede sulla terra ferma, alla fine del diluvio universale? Pianta una vite, si fa il vino e d'accordo... s'embriaga! Quei puritani dei figli subito a coprirlo, a nasconderlo, che vergogna di padre. Ma sfido chiunque! Dopo tanta pressione, paura, sofferenza... Non era neanche più abituato, suvvia, quindi gli è andato subito alla testa. E questo è l'Antico Testamento. Vogliamo parlare di quello Nuovo? Be', non sprecherei neppure parole: il vino è il sangue di Cristo. E pensiamo alla rilevanza di questa bevanda nei primi poemi, quelli omerici (« il mare color del vino »), Dioniso, Bacco, fino al Carducci: *« ma per le vie del borgo, dal ribollir de' tini, va l'aspro odor de i vini l'anime a rallegrar »*. La mia lezione alle elementari si chiuse così, una volta spiegato con parole semplici quello che ho scritto nei capitoli 2 e 3, abbiamo recitato in coro *San Martino*.

Ora, poeti, storici e studiosi hanno riempito grattacieli di carta su tutti gli aspetti dell'enologia, compresi Leonardo e Galileo fino a Edmondo De Amicis (l'autore di *Cuore* scrisse un gustoso libello sugli effetti psicologici del vino) e nel Novecento Mario Soldati.

Per brevità, e affetto, la mia storia del vino partirà da lui.

Com'è cambiato il nostro modo di pensare *il vino*

Regista e scrittore, Soldati era il Camilleri degli anni Sessanta e Settanta del Novecento. Popolarissimo, raffinato narratore che sapeva parlare al grande pubblico, insomma chic ma anche pop. Suo il primo film trasmesso dalla RAI (*Le miserie del signor Travet*, 3 gennaio 1954, uscito nelle sale cinematografiche nel 1945), Soldati raccontò per primo il cibo e il vino al grande pubblico, con l'inchiesta *Viaggio lungo la valle del Po alla ricerca dei cibi genuini* (1956) che si rivelerà una delle trasmissioni più fortunate della neonata televisione italiana. Nel 1969 uscirà il primo volume del suo reportage *Vino al vino. Viaggio alla ricerca dei vini genuini*, che raccoglieva il suo pellegrinaggio per le cantine d'Italia, cominciato per una serie di articoli commissionati dalla rivista femminile *Grazia*: ancora oggi un punto di riferimento per chiunque voglia studiare la storia del vino, e scriverne. I successivi volumi uscirono nel 1971 e nel 1976 (quest'ultimo raccoglieva invece articoli scritti per il settimanale *Epoca*). Un altro autore da ricordare (e rileggere), meno popolare ma grandissimo, fu Paolo Monelli. Suo il *Ghiottone errante*, pubblicato da Treves nel 1935, ancora oggi un capolavoro di scrittura applicata alla gastronomia.

Tornando però a Soldati, lui inaugurò un filone e uno stile di scrittura e di racconto televisivo il cui modello possiamo riscontrare anche oggi, pensando alle varie trasmissioni *Linea verde* o *Melaverde* che siano, con l'esperto che entra nelle botteghe o nelle vigne, in cantina o in macelleria e descrivendo i prodotti dialoga con i produttori, intrecciando edonismo, tradizioni, geografie umane.

In particolare, il mio profondo affetto per Soldati origina da un'avventurosa storia di famiglia: il mio bisnonno Mario Gladulich, capitano di lungo corso, aveva accolto il giovane scrittore sul piroscafo da New York a Trieste; un mese di traversata creava amicizie profonde. Soldati ne scrisse nel racconto « La carta del cielo », contenuto nella raccolta *La Messa dei villeggianti*,[1] e nel salone della sua villa a Tellaro, borgo ligure che fu il suo *buen retiro*, campeggiava sulla parete la carta che dà il titolo al racconto, un disegno del capitano grazie al quale Soldati aveva imparato a riconoscere le principali costellazioni. La « figlia del capitano », cioè la mia prozia Rita Gladulich, mantenne il rapporto di amicizia con Mario, condividendo con lui la grande passione per lo scopone scientifico. Trascorrevo a Tellaro le vacanze estive, nella casa di mio nonno Pino Khail, e per me, bambino e adolescente, Casa Soldati era un luogo leggendario, verso il quale correvo appena possibile attratto dal mito dell'artista. E finivo direttamente nel suo studio, dove Soldati mi accoglieva con acqua e amarena, prima, e con il profumo dei suoi inseparabili sigari, dopo. Così, nel tempo, maturò la mia passione sia per la letteratura, sia per il toscano. Purtroppo, però, non ho mai bevuto insieme a lui un bicchiere di Carema, che egli descrisse con tratti di lirismo nel suo *Vino al vino*.[2] Soldati ci lasciò prima che anche io potessi appassionarmi alla materia.

Negli anni in cui Soldati imperversava, emergeva anche un altro personaggio, un filosofo anarchico, figlio di borghesissimi bergamaschi: Luigi Veronelli, divenuto poi « l'esperto di vino » per antonomasia. Il modello di narrazione non era distan-

1 *La Messa dei villeggianti*, Arnoldo Mondadori Editore, Milano, 2007.
2 Si veda l'edizione integrale dei tre « viaggi »: *Vino al vino*, Arnoldo Mondadori Editore, Milano, 2006.

te da quello di Soldati, ma Veronelli seppe andare più a fondo nella materia e a essa dedicò l'esistenza. Conosceva palmo a palmo i cru, i vigneti più importanti d'Italia, e ammoniva i cultori dell'argomento – giustamente – a « camminare le vigne », l'unico modo per capire a fondo il vino. Erano gli anni Settanta e Veronelli introdusse anche un linguaggio molto particolare, misto di arcaismi e tecnicismi reinventati. Potremmo definirlo il « Gianni Brera » del vino. Curiosa la sua battaglia affinché si usassero parole italiane e non ci si abbassasse a scimmiottare i francesi: caratello al posto di barrique, vigna al posto di cru. A Veronelli, giustamente, è dedicata una via di Milano in zona Garibaldi, e tra i suoi tanti meriti c'è anche quello di aver contribuito alla nascita di alcune etichette oggi mitiche, simboliche del « vino di pregio », come Sassicaia e Tignanello, per fare due esempi di fama planetaria.

E sempre negli anni Settanta Pino Khail, mio nonno, fondava la prima rivista enologica italiana destinata alle edicole e al grande pubblico: la già ricordata *Civiltà del bere*. In un certo senso la rivista nacque per reazione alla poetica veronelliana del « piccolo è bello », tematica affrontata dall'economista tedesco Ernst Friedrich Schumacher nel 1973[3] ma calata nel mondo del vino dal nostro vate lombardo. In realtà, il tempo appiana le cose, e anche Luigi Veronelli stemperò il suo ardore anti-industriale. Anzi, negli ultimi anni della sua vita conviveva serenamente con tanti imprenditori.

Pochi anni fa noi di *Civiltà del bere* pubblicammo un fumet-

3 Ernst Friedrich Schumacher, *Piccolo è bello*, Ugo Mursia Editore, Milano, 2011.

to[4] nel quale Soldati, Veronelli e Khail, pur partendo da visioni differenti, commentavano dall'alto dei cieli in un comune sconcerto l'attualità dell'enologia italiana. Certamente oggi è tutto cambiato da allora, oggi che il vino è glamour, per essere davvero alla moda non ci si può esimere dall'inserire nel proprio curriculum un corso da sommelier (a questo proposito si veda il capitolo 7). Ma le differenze sono profonde, e non solo di superficie. L'Italia è un Paese dalle radici contadine: il vino, come per molte popolazioni europee di area mediterranea, era un tempo un alimento vero e proprio, parte integrante della dieta quotidiana perché apportava calorie ai contadini che faticavano nei campi. Nel secondo dopoguerra il consumo era superiore ai 100 litri pro capite, mentre oggi è crollato attorno ai 30. Questo significa che, dal punto di vista della sociologia dei consumi, il vino è passato dalla posizione di alimento necessario a bevanda edonistica, un prodotto scelto perché soddisfa da vari punti di vista (psicologico, culturale, sensoriale). Il ritornello tra gli addetti ai lavori, alle conferenze e nei simposi, è sempre « si beve meno ma si beve meglio ». E in alcuni casi è vero.

Certamente oggi siamo disposti a spendere anche cifre importanti per il vino: molti accettano che il prezzo di una bottiglia decente si collochi tra i 5 e i 10 euro. Anzi, i *connoisseur* sanno bene che per trovare qualcosa di emozionante bisogna spostarsi nella fascia di prezzo tra i 10 e i 20 euro e sono disposti a spendere anche molto di più per assaggiare una zolla delle Langhe. Quante volte ci domandano come faccia a costare an-

4 *Civiltà del bere*, marzo-aprile 2015.

che più di 100 euro una bottiglia di vino. Ne scrivo più approfonditamente nel capitolo 7. In ogni caso oggi molte persone cercano vini Doc o Docg, oppure le grandi marche, da Antinori a Zenato, passando per case vinicole microscopiche ma eccellenti.

Com'è cambiato il nostro modo di raccontare *il vino*

La marca! Ecco un concetto molto delicato quando si parla di vino. In nessun altro settore produttivo si è creata negli ultimi cinquant'anni una spaccatura così profonda tra i sostenitori del brand e quelli del « no logo », o meglio « no *big* logo », ancora in riferimento al « piccolo è bello ». Il vino imbottigliato, etichettato e poi venduto in enoteca o addirittura al supermercato non ha sempre goduto di ottima considerazione. Non sono impazzito, vi porto nello spirito del tempo, quegli anni Settanta del Veronelli anti-industriale. Il suo impatto fu così forte, anche perché radicato in un'Italia contadina, che ancora oggi qualcuno è convinto che i vini migliori siano quelli dei « contadini », anche senza bottiglia, anche senza etichetta. Oppure vi sono i meno radicali, quelli che in parte apprezzano e cercano le buone etichette, ma tendono a dare fiducia a una casa vinicola piccola e sconosciuta piuttosto che alla grande marca. Questo per il pregiudizio anti-industriale che affonda le proprie radici in quegli anni. Torniamo quindi al secondo dopoguerra, allo sbarco degli americani, alla pubblicità commerciale, al consumismo esaltante per chi cercava riscatto da una forzata povertà. Indubbiamente, la nascente industria alimentare toccò alcuni eccessi, massificando i prodotti e allontanando gli italiani dalle genuine e saporite risorse che possiamo vantare in ogni regione del nostro Paese.

Nello storytelling del vino ci siamo trovati dunque da una parte, i « poeti del kolchoz », come Veronelli e Soldati, i cantori – tendenzialmente progressisti si direbbe oggi – del mondo contadino che sapeva esprimere vini eccellenti e identitari: Soldati prediligeva senz'altro il viticoltore dalle mani callose agli imprenditori del vino in doppiopetto, senza disdegnare certamente, lui della buona borghesia torinese, lo stile aristocratico del Brunello di Montalcino di Tancredi Biondi Santi o del Cabernet di Anselmo Guerrieri Gonzaga (il nonno omonimo del mio amico Anselmo).[5]

E Veronelli proclamava: « Il peggior vino contadino è migliore del miglior vino d'industria ».

Dall'altra parte, il vuoto. Non esistevano altre voci, un'informazione enologica propriamente detta. Quindi immaginiamo con quanta fatica i produttori vinicoli italiani tentarono inizialmente di vendere vino di buona qualità in bottiglia, su larga scala, specialmente all'estero dove l'immensa comunità di *expat* italiani (all'epoca chiamati semplicemente emigrati) reclamava il Chianti e il Lambrusco di casa propria.

In quel contesto alcuni produttori di vini di pregio che

5 Soldati incontrò Tancredi Biondi Santi (figlio di Ferruccio, « l'inventore del Brunello ») alla Fattoria del Greppo, a Montalcino, nel 1968, e nello stesso anno fece visita ad Anselmo Guerrieri Gonzaga, presso la Tenuta San Leonardo, ad Avio, in Trentino. Entrambi gli episodi sono raccontati in *Vino al vino* (pp. 96-102 e pp. 161-163).

guardavano ai successi francesi e che vendevano in bottiglia, non in damigiana, capitanati da Piero Antinori di antica schiatta fiorentina (almeno dal 1385 quando Giovanni di Piero Antinori si iscrisse all'Arte dei Vinattieri), pensarono fosse il caso di creare una rivista del vino che potesse raggiungere il grande pubblico, raccontando questo meraviglioso prodotto in una prospettiva più ampia, meno ideologica. Correva l'anno 1973. Tentò l'impresa appunto mio nonno, Pino Khail, che fece uscire nel gennaio 1974 la prima copia di *Civiltà del bere*, una rivista realizzata e scritta – per la prima volta – non da tecnici o sommelier, ma da giornalisti di alto calibro provenienti principalmente dal *Corriere della Sera* e dal nascente *il Giornale nuovo*, fondato e diretto – fino al 1994 – dal guru del giornalismo italiano, Indro Montanelli.

Poi arrivarono gli anni Ottanta, cambiò il mondo e anche il modo di raccontarlo.

Nel 1986 (il 16 dicembre) uscì il primo numero del *Gambero Rosso* diretto da Stefano Bonilli. Era inizialmente un allegato del quotidiano comunista *il manifesto*. Vi si scriveva di gastronomia e di vino, un nuovo segnale dei tempi: persino la sinistra, tradizionalmente « pauperista », si concedeva l'eccellenza del gusto e cedeva al piacere edonista attraverso la ricerca del buon cibo, anche in reazione all'arrivo in Italia dei primi fast food. Nel 1987, in collaborazione con Arci Gola (poi divenuta Slow Food), fu pubblicata la *Guida del Gambero Rosso* curata da Daniele Cernilli e Carlo Petrini. La geniale simbologia dei « Tre Bicchieri » attribuiti ai vini migliori, inizialmente 32 (nella Guida 2019 erano 449), si fece rapidamente conoscere da addetti ai lavori e appassionati. Erano anni in cui ottenere questo riconoscimento, per un'azienda, significava svuotare il magazzino. Alcuni ristoranti componevano la carta dei vini copincollando la lista dei Tre Bicchieri.

All'estero, il gran visir si chiamava invece Robert Parker, un avvocato di Baltimora alla cui *sublime porta* bussavano tutti i produttori vinicoli del mondo tra gli anni Novanta e i Duemila. Parker, senza condizionamenti della pubblicità, ma facendo leva sui contributi degli abbonati, pubblicava le sue degustazioni su una newsletter intitolata *The Wine Advocate.* Un 100/100 di Parker svuotava i magazzini dell'azienda, ma per dieci anni consecutivamente. Il primo vino italiano a conquistare questo punteggio stellare, il *non plus ultra*, fu il Barolo Riserva Collina Rionda 1989 di Bruno Giacosa.

Insieme a Robert Parker, sempre negli Stati Uniti d'America, il mercato più proficuo per il vino italiano, un'altra testata poteva cambiare le sorti di un'etichetta: *Wine Spectator*, fondato da Marvin Shanken. Il primo vino tricolore che conquistò la vetta della sua prestigiosa classifica *top hundred* fu Solaia 1997, dei Marchesi Antinori, nell'anno 2000. La notizia fu così clamorosa da essere ripresa con enfasi dal *Corriere della Sera* col titolo: « È toscano il vino dell'anno. Gli USA premiano Antinori ».[6] E occhiello: « Solaia '97 batte i francesi. Prima volta al mondo ».

Ottimo risultato per un grande vino, certamente. Così poi accadrà anche a Ornellaia, a Sassicaia (negli USA i rossi di Bol-

6 *Corriere della Sera*, sabato 2 dicembre 2000, pag. 18.

gheri piacciono molto). E sempre, il mondo dell'informazione italiana ha ripreso queste (belle) notizie con un pizzico di provincialismo, rischiando anche di passare un messaggio scorretto. Il concetto, nei titoli, è ossessivo, come ossessiva è questa tenzone: « abbiamo battuto i francesi ».

È accaduto anche quando nel 2014 uscì la notizia che il Prosecco vendeva all'estero più bottiglie dello Champagne: « Prosecco batte Champagne » titolavano tutti, con malcelata soddisfazione (320 contro 307 milioni), sulla base di una elaborazione di dati Istat presentata da Coldiretti. Solo quattro anni dopo, il Prosecco ha toccato il mezzo miliardo di bottiglie prodotte, un'enormità. Ma non c'è (*in vino veritas*) molto da festeggiare: il prezzo medio del nostro è infimo rispetto al loro, e noi fatichiamo tre volte tanto, almeno nella zona più vocata alla viticoltura, quella di Conegliano Valdobbiadene, terra meravigliosa (che meritatamente è stata ora – 2019 – iscritta nel Patrimonio mondiale dell'Umanità Unesco). Nel 2017 il prezzo all'export dello Champagne è stato di 25 euro al litro, quello del Prosecco di 3,92 euro. Secondo Nomisma Wine Monitor su dati Eurostat.

Com'è cambiato il nostro modo di fare *il vino*

Avendo sin qui tracciato una storia del *modo di raccontare* il vino italiano, a partire da Mario Soldati, faccio ora un salto all'indietro per ricordare alcuni episodi che, di pari passo, hanno segnato profondamente il nostro *modo di fare* il vino. In Italia, nel 1963 fu promulgata la legge da cui nacquero le Doc (Denominazione di origine controllata, con il DPR 930/1963), di cui scrivo nel capitolo 7. Le esigenze erano multiple: tutelare territori in cui si producevano vini tipici, riconosciuti o addirittura rinomati, così come già i francesi facevano dal 1935 e normare il metodo di produzione di questi vini per evitare che ognuno facesse a modo suo.

La seconda data da ricordare dopo il 1963 è il 1986, quando scoppiò uno scandalo mediatico senza precedenti, quello del vino al metanolo, una batosta per le nostre produzioni che proprio in quegli anni cominciavano a volare nei mercati esteri con grande successo. Nei primi anni Ottanta erano partite per il mondo, coordinate da Pino Khail, le prime delegazioni di grandi produttori di vini di pregio che presentavano, nei cosiddetti « panel tasting », cioè degustazioni guidate, le loro migliori etichette: i Biondi Santi, gli Antinori, i Folonari, i Bolla, i Gancia, i Marzotto (Santa Margherita), i Pio Cesare, i Mastroberardino...

Un giorno i telegiornali aprirono con la notizia di morti presunte a causa di vini adulterati, addizionati illegalmente con il micidiale metanolo. Vini che venivano anche largamente esportati nel mondo. Il rischio dell'immediata implosione del nascente boom del vino tricolore era reale. Il mondo ci puntò gli occhi addosso.

Ancora oggi non è chiara l'entità del danno, si parla di ventitré morti, numerose lesioni alla vista... comunque, una vergogna, che riguardava alcune produzioni di infima qualità. Quei giorni furono drammatici, il ministro dell'Agricoltura Filippo

Pandolfi appariva in televisione per tranquillizzare i cittadini, a Sète in Francia veniva bloccata una nave cisterna contenente vino pugliese.

Qualcuno sostiene che, in realtà, sulle ceneri di questo scandalo fiorì il Rinascimento del vino italiano. Non ne sono sicuro, anche se è vero che gli italiani danno il meglio nelle difficoltà. Certamente, il processo di miglioramento qualitativo del vino subì un'accelerata, anche se le abitudini di consumo stavano già cambiando, indipendentemente dallo scandalo del metanolo.

Infine ricordiamo un altro scandalo che ha sorpreso il grande pubblico e che ha fatto vacillare la credibilità del vino italiano, certamente non un caso killer come quello del metanolo, ma un caso di frode commerciale. Come una bomba a orologeria, alla vigilia del Vinitaly 2008 – l'evento kolossal dell'enologia italiana, con oltre 125.000 visitatori da 145 nazioni –, il settimanale *L'Espresso* innescò (con tanto di copertina dedicata) lo scandalo del Brunello di Montalcino, generando scompiglio se non panico nel mondo vinicolo riunito a Verona per quella che, solitamente, è una festa: la Procura di Siena indagava sul sospetto che alcune aziende, in sprezzo al Disciplinare di produzione (cioè una legge dello Stato) che impone che il Brunello sia fatto esclusivamente con le uve di Sangiovese, aggiungessero altri vitigni internazionali, come il Merlot o il Cabernet. Perché? Secondo alcuni, certamente criticati e criticabili, per renderlo « migliore », perché il Sangiovese a volte è un'uva graffiante, tannica e acida, e questi vitigni danno maggiore morbidezza, volume, a volte colore e qualche intrigante nota olfattiva. Migliore o peggiore, non è più Brunello di Montalcino.

Allo scandalo gridarono soprattutto gli americani, che come sempre sulle bugie non transigono (come dimostrò il caso dell'ex presidente Bill Clinton, incespicato più sulla bugia che sulla fellatio): il Brunello, uno dei vini di pregio più amati negli States, fu bloccato alle dogane per settimane. Le irregolarità, per la cronaca, ci furono, diversi furono i patteggiamenti e gli ettolitri di Brunello declassato a Igt Toscana.

Quello del Brunello viene spesso ricordato come uno scandalo che ha dato particolare slancio all'ideale di vini tipici, caratteristici che sappiano distinguersi per come sono, non sempre migliori o peggio, ma identitari e diversi. All'epoca furono molte le prese di posizione a favore della « purezza » del Sangiovese, proprio in questo senso, come tratto distintivo. Purtroppo però, è doveroso ricordare che, se la notizia di quella frode varcò i confini nazionali e conquistò titoloni sui giornali, più volte i Nas (Nuclei Antisofisticazioni e Sanità) dei carabinieri hanno denunciato gravi irregolarità, specialmente relative al fatto che si usano vitigni o uve di provenienze non autorizzate nella produzione di alcuni vini Doc. Beninteso, è giusto essere informati, ma si tratta pur sempre di eccezioni, il prodotto italiano è generalmente in regola e genuino.

Insomma, come abbiamo appena visto il vino talvolta dà spettacolo. È un peccato quando balza alle cronache per questi scandali, ma altre volte è lo Spettacolo che si dà al vino. Ricordiamo per alleggerire il discorso che nella storia del vino assistiamo spesso al passaggio di alcune *celebrities* che portano ventate di curiosità da parte del grande pubblico che, per lo più, si disinteressa della materia. A Expo 2015, quello di Milano, dove l'Italia vantava un intero Padiglione Vino (realizzato da Veronafiere, cioè Vinitaly), si consumò un incontro curioso in questo senso, un'adunata di produttori vip (italiani): Gianna Nannini e Al Bano Carrisi improvvisarono anche un duetto sul brano del cantante pugliese *Nel sole*. Non so se vi susciti più sorriso o ribrezzo questo pensiero, ma accanto a loro c'erano anche Massimo D'Alema e Bruno Vespa (e quindi potremmo ripetere la domanda, non so se vi susciti più sorriso...). Non fu forse l'apogeo di Expo 2015, ma l'evento suscitò un vespaio (scusate il gioco di parole). Perché in fondo il mondo del vino è un tantino chiuso, elitario, e a molti cultori della materia suscita fastidio il semplice fatto che personaggi popolari per altri motivi entrino nel settore, come si alzasse il sospetto che intendano sfruttare questa materia sacra, a beneficio della propria popolarità. Alcuni divi si sono avvicinati al vino tardivamente, per passione. Credo siano i primi a dispiacersi di promuovere il proprio vino attraverso la popolarità mediatica piuttosto che per le qualità intrinseche delle bottiglie. Lo stesso vale per tutti quei facoltosi imprenditori, meno conosciuti dalle masse, che investono milioni di euro nella viticoltura, acquistando terreni in zone prestigiose con l'idea di fare vino, d'accordo, ma più probabilmente (considerata la quantità di denaro necessaria per avviare un'impresa vinicola, con ritorni attesi dopo decenni) per lasciare qualcosa di bello ai posteri.

Vino e vip

Nel mondo sono tantissimi i nomi celebri – ben più famosi della mia (amatissima) Gianna nazionale – che fanno o hanno fatto vino: Francis Ford Coppola, Brad Pitt, Sting (in Toscana, peraltro), Mick Hucknall, voce dei Simply Red, e l'attrice Carol Bouquet (entrambi in Sicilia). E ancora, in Italia, Andrea Bocelli, Francesco Moser, Paolo Rossi (il campione del Mundial 1982, non il comico milanese), il cantante Ron, il pilota di F1 Jarno Trulli, il compianto Lucio Dalla, il giornalista Gad Lerner, l'attrice Stefania Sandrelli... e molti me ne sfuggono. Tra tutti loro, una menzione speciale merita Al Bano, a mio parere senz'altro uno dei più autentici. Nato a Cellino San Marco da famiglia contadina, a Cellino ha sempre fatto base e si può senz'altro affermare che il suo radicamento nel *terroir* è viscerale quanto le radici delle sue vigne.

6.

Nuovo e Vecchio Mondo

Per chi vive in un Paese dall'antica tradizione vinicola, come l'Italia, è facile interiorizzare alcuni luoghi comuni, senza averne verificato la sostanza: ad esempio, quello che i nostri siano i vini migliori del mondo. O che in ogni caso il vino europeo (francese, spagnolo, tedesco, austriaco eccetera) sia superiore a quello del cosiddetto Nuovo Mondo, anche perché... senza storia. Questo è vero per alcuni Paesi (la prima vigna a Marlborough in Nuova Zelanda fu piantata nel 1973) non lo è per la Napa Valley (1839) e tanto meno per il Sudafrica (1659), che non a caso viene considerato un luogo in equilibrio tra il vecchio e il nuovo. Fino a pochi anni fa, e per qualcuno ancora oggi, l'idea del vino americano, che poi voleva dire californiano, era legata al ricordo di bianchi dal profumo intenso di vaniglia, molto alcolici, e rossi concentrati e fruttati, più o meno dei mangia e bevi, sempre ben sostenuti da note di spezie dolci. Era vero, negli anni Ottanta e Novanta. E alcuni di questi venivano incensati dal boss della critica, Robert Parker (si veda il capitolo precedente), che contribuì a influenzare il gusto mondiale, portandolo su vini morbidi e concentrati.

L'Australia era associata a bottiglie di Chardonnay e Syrah col cangurino in etichetta, a causa dell'incredibile successo commerciale del marchio Yellow Tail (creato per altro da un tale Casella, di chiara origine italiana). Anch'essi vini estremamente fruttati, abboccati, con chiaro sentore vanigliato. Sotto traccia, però, dato che le conoscenze scientifiche in materia vitivinicola di questi Paesi crescevano a ritmi sostenuti, e considerato che molti enologi francesi e italiani partivano per fare esperienze in questo « nuovo mondo vinicolo », si stavano gettando le basi di una nuova enologia che coniuga alta professionalità, sensibilità e approccio stilistico europeo. Certamente, in questi luoghi l'attenzione al mercato è sempre stata altissima, dato che il primo stimolo alla viticoltura – se non consideriamo una primigenia necessità di sussistenza da parte dei pionieri che

migravano dal Vecchio Mondo – era il business, l'opportunità imprenditoriale, mentre in Europa si erano succedute innumerevoli generazioni di vignaioli che andavano avanti anche per forza d'inerzia. Salvo trovarsi travolti da una crisi dei consumi vinicoli senza precedenti che li costrinse tutti a ripensamenti e virate di prospettiva. Ma torniamo alla viticoltura extraeuropea: a Davis in California, ad Adelaide in Australia centri di ricerca eccellenti formavano (e formano) tecnici di vigna e cantina molto preparati, che studiavano con approccio pragmatico e scientifico con la stessa passione dei nostri studiosi di Firenze, Milano, Montpellier in Francia, Geisenheim in Germania: i centri di eccellenza. Il network diventa globale, e le scoperte, come è bene per la scienza, volano in un soffio da un capo all'altro del mondo. Noi trasmettiamo conoscenza sui vitigni, i portinnesti... e riceviamo spunti interessanti sulla gestione della chioma (la parte aerea delle viti), sulle tecniche e temperature di fermentazione, sull'uso del freddo, l'elenco è infinito.

Per confrontare il vecchio e il nuovo mondo del vino è utile prima riepilogare l'offerta. Vi sono alcune zone europee che indubbiamente hanno nel tempo, in alcuni casi nei secoli, generato i modelli del vino di pregio. La Francia, fuori da ogni dubbio, ne ha creati più di tutti: Champagne e Bordeaux (*rouge*), tanto per cominciare, best seller mondiali da almeno tre secoli. Il primo è simbolo dello spumante, oggi chiamato in Italia metodo Classico perché i francesi hanno vinto una causa legale e ne tutelano il marchio, ma fino a pochi anni fa si parlava di metodo Champenoise che si facesse a Épernay o a Erbusco. Il secondo, icona del rosso di pregio maturato in barrique, elaborato con uve dette *internazionali*, ma che di fatto sono francesi o meglio bordolesi: Cabernet Sauvignon e Cabernet Franc, Merlot, Petit Verdot, Carménère, Malbec. Sono internazionali semplicemente perché in tutto il mondo (nessuna terra viticola esclusa) le hanno piantate per realizzare qualcosa di assimilabile ai vini di Bordeaux.

Ma non solo, veniamo alla Borgogna. Lo Chardonnay in stile Chablis (fresco, un po' tagliente, tendenzialmente non invecchiato in legno) o in stile Côte de Beaune (Meursault, o Montrachet, tradizionalmente elevato in botti da 228 litri) e il Pinot Nero della Côte d'Or (Côte de Beaune + Côte de Nuits): tutti modelli di riferimento, ovunque.

Syrah vuol dire Rodano, se parliamo dell'originale. Il rosato più ammirato e copiato è di Provenza. L'Alsazia è regina di bianchi, mentre la Loira detta legge in particolare con il Sauvignon. E così via.

Usciamo adesso dalla Francia. Il modello del Riesling è quello tedesco, della Mosella in particolare. Ancora il Riesling (in uno stile diverso rispetto a quello teutonico, meno dolce, più corposo e secco) e il Grüner Veltliner sono simboli della viticoltura austriaca. Il Portogallo ha creato il *benchmark* del Porto (rosso dolce fortificato, cioè con aggiunta di alcol per «rafforzarlo») e la Spagna quello dello Sherry (altro vino fortificato, proposto in diversi stili: Fino, Amontillado, Oloroso, Dulce, Pedro Ximénez...), oltre ai vini di Rioja (che però nacquero come alternativa ai Bordeaux) e al Cava (un metodo Classico, quindi su modello Champagne).

L'Italia ha un ruolo particolare nello scacchiere europeo del vino, e la prospettiva cambia molto a seconda che la si consideri dall'interno o dall'esterno. Può essere utile, per mantenere la promessa *in vino veritas*, sintetizzare onestamente i due punti di vista.

Da dentro: siamo l'unico Paese a vantare eccellenze enologiche in tutte le regioni, dalle Alpi a (quasi) le piramidi. Abbiamo 369 uve autoctone, solo nostre, che si esprimono con carattere e identità nelle Doc italiane (dal Prié Blanc in Valle d'Aosta al Nerello Mascalese sull'Etna). Abbiamo vini di grande successo, acclamati nel mondo ma ancora reperibili a prezzi accessibili come Barolo e Barbaresco, Amarone della Valpolicella, Brunello di Montalcino. Siamo i campioni dell'export con fenomeni planetari quali il Prosecco (vedi capitolo 5), il Pinot Grigio, il Chianti... siamo sostenibili, leader nella produzione di uve ottenute da agricoltura biologica (dati Faostat raccolti da Federbio nel 2016) rappresentiamo il 32% dell'Europa e il 28% del mondo. Battiamo i francesi (vedi sempre la questione Prosecco vs Champagne, o quella relativa ai primati nelle classifiche americane), gli spagnoli, tutti. Primi per ettolitri di vino prodotto (ad anni alterni con la Francia).

Visto da fuori: l'Italia è la culla del vino, ma quello eccellente è francese, *parbleu!* I nostri prodotti sono *cheerful* (definizione molto diffusa negli anni Ottanta nel Regno Unito), oggi diremmo « simpatici », carini, anche accessibili. Ma quelli eccellenti sono francesi, *parbleu!* Le persone « normali » vanno matte per Pinot Grigio, Prosecco, Soave, Chianti, Lugana... e anche Montepulciano, Primitivo, Verdicchio, Lambrusco... nei momenti speciali si beve Champagne, Bordeaux, Borgogna.

L'Italia è vista senza dubbio con favore e gli esperti ne riconoscono la straordinaria varietà di proposte, da climi così diversi e con uve locali anche interessanti. Però negli ultimi vent'anni si sono fatti strada, a prezzi molto concorrenziali, ottimi vini argentini, cileni, australiani. Basta entrare in un'enoteca londinese o berlinese o newyorchese per rendersi conto della posizione del nostro Paese agli occhi dei consumatori del mondo.

Ho drammatizzato, agli estremi. In entrambe le visioni c'è del vero e forse la verità sta nel mezzo, o meglio: quando ci porteremo verso il centro di queste estremità l'Italia sarà davvero imbattibile, con margini di guadagno molto più allettanti per i nostri viticoltori.

Occhio che scoppia!

Il Prosecco, specialmente quello Superiore Docg (Conegliano, Valdobbiadene), è davvero un ottimo spumante e, come dimostrano le vendite, piace tanto, ma bisogna difenderne il valore: alcune cooperative lo svendono a meno di un euro e mezzo, il mercato è stato invaso e ora l'eccesso di offerta rischia di far esplodere una bolla speculativa. Bravi coloro che, magari facendo storcere il naso ai puristi, con un marketing aggressivo e bottiglie dorate vagamente kitsch lo piazzano sugli scaffali dei duty free di tutto il mondo a oltre 20 euro. I miei Prosecco preferiti viaggiano tra i 12 e i 15 euro: certo, il doppio delle «offerte» al supermercato ma anche il doppio del godimento, permettete. Questi vini portano in dote anche storie di famiglie eroiche e geniali. E comunque, il Prosecco è diverso dallo Champagne, è più semplice e fruttato. Se vogliamo confrontarci col gigante francese, e con una robusta vinificazione in bianco da uva a bacca nera, dobbiamo competere con i nostri Franciacorta, Trentodoc o Alta Langa.

La questione uve autoctone è complessa. È vero che l'Italia ne detiene il record. Da una ventina d'anni se ne parla molto, non solo di quelle maggiori, dal Nebbiolo al Sangiovese al Nero d'Avola, ma anche di quelle «reliquie» che pochi, a volte uno solo avevano conservato nel proprio podere, e che ora si stanno rivalutando, centinaia di nomi, a volte curiosi, scritti in etichetta (Pugnitello, Oseleta, Premetta, Canaiolo bianco, Vermentino nero, Centesimino: un'infinità). Negli anni Ottanta e Novanta, però, l'Italia stava finalmente emergendo come produttore d'eccellenza grazie a vini ottenuti da uve internazionali, in tutto o in parte: Sassicaia (Cabernet Sauvignon e Cabernet Franc), Tignanello (Sangiovese e Cabernet Sauvignon), Solaia (Cabernet Sauvignon e Sangiovese) Masseto o Messorio o Redigaffi (tutti Merlot 100%), San Leonardo (Cabernet Sauvignon, Carménère e Merlot), Gaja & Rey e Pio di lei (Chardonnay), Cervaro della Sala (Chardonnay e Grechetto), tutti i grandi bianchi friulani (di Livio Felluga, Russiz Superiore, Schiopetto...) erano ottenuti da uve considerate internazionali, pur essendo – in taluni casi – coltivate in zona da centinaia d'anni.

Un guru del vino italiano, in quegli anni d'oro, *off records*, soleva ripetere: «Il Sangiovese è ottimo, purché sappia di Cabernet». E il più influente enologo consulente italiano si era guadagnato l'epiteto di Mr. Merlot – era un complimento, perché suoi erano alcuni dei migliori Merlot d'Italia. Ezio Rivella, enologo che ha attrezzato le cantine di mezza Italia e all'epoca amministratore delegato della Banfi a Montalcino, irrideva questa caccia all'autoctono e sosteneva che se erano stati abbandonati un motivo ci sarà stato. Vero, però spesso il motivo socioeconomico era che, dovendo allevare le viti non più per autoconsumo ma per guadagnare, nel secondo dopoguerra i contadini furono portati (in base a scelte autonome o in forza delle richieste delle grandi cantine alle quali conferivano l'uva) a piantare varietà più produttive, mentre il problema di molti autoctoni è che rendono (in grappoli e quindi in quattrini) troppo poco. È il caso dell'Oseleta ad esempio, uva della Valpolicella restituita agli appassionati dalla Masi, difficile da portare a completa maturazione e avara di produzione. O del leggendario Picolit, oro giallo del Friuli che compete con i grandi Tokaji ungheresi, ed è noto per le rese infinitesime e i suoi grappoli minuti e avari di acini.

Ora che le logiche sono mutate, e che la scienza vitivinicola evolve e aiuta i tecnici a governare alcune difficoltà, gli ottimi autoctoni italici possono tornare serenamente alla ribalta, e magari farsi conoscere nel mondo. Ma resterà sempre un ultimo dubbio legato al marketing: come far conoscere all'universo Pugnitello, Oseleta, Premetta eccetera? Tanti nomi, difficili talvolta anche da pronunciare, come il Catarratto siciliano, ad esempio, per il quale (non senza polemiche dei tradizionalisti) è stato deciso di consentire l'utilizzo di un sinonimo più pronunciabile: Lucido.

La mia idea, condivisa da alcuni stimati colleghi, come Daniele Cernilli,[1] è che si stia ponendo troppa enfasi sulla que-

1 «Il vitigno non è tutto», www.doctorwine.it/firmato-doctorwine/firmato-dw/il-vitigno-non-e-tutto, 15 luglio 2019.

stione vitigno, il che è sbagliato per almeno due motivi: primo, nel vino vince sempre il suolo (si veda il capitolo 2), un Merlot a Bolgheri canta una partitura differente rispetto a un Merlot di Pomerol, come quando Pavarotti cantava *La traviata* o *Volare*, stessa voce, esiti diversi. Secondo, il vitigno è una pianta, patrimonio dell'umanità, non lo si può proteggere, cioè registrare: nessuno può vietare agli indiani di coltivare Sangiovese, e infatti lo fanno. Ma il nome Chianti è un nome geografico, richiama un'origine esattamente come Champagne e infatti queste denominazioni sono protette, tanto che anche in Italia ora è vietato scrivere metodo Champenoise in etichetta, come ho già detto.

È evidente che il nuovo mondo del vino ha preso in prestito uve di altri Paesi ed è altrettanto ovvio che sia andato a pescare tra quelle di maggior successo: Cabernet, Merlot, Syrah, Pinot Nero, Chardonnay. Per molti anni, dopo aver imparato a ricavare vini eccellenti in California, Oregon, Nuova Zelanda, Australia meridionale, Cile, i nuovi Paesi del vino hanno promosso in etichetta i nomi, ben conosciuti a livello mondiale (ho già accennato all'importanza del marketing), dei grandi vitigni internazionali. Salvo poi accorgersi che, ora che le suddette aree viticole sono più apprezzate in quanto tali, sarebbe opportuno promuovere ciò che nessuno potrà mai sottrarre loro, ovvero il territorio. Ecco che la California ci fa scoprire la tipicità dell'Alexander Valley rispetto a Los Carneros, il Cile esalta la freschezza di San Antonio rispetto alla potenza di Colchagua. L'origine vince sul vitigno. È una lezione che la vecchia Europa ha impartito al mondo.

Dobbiamo però essere onesti, e considerare che anche noi abbiamo imparato dalle Americhe e dai nuovi produttori.

Talvolta resto estasiato nel comprendere come alcuni vini siano frutto di un gioco di specchi riflessi, senza confini. Davanti alla storia di Luce, a Montalcino, ad esempio; o dell'Ornellaia a Bolgheri. Storie di amicizie oltreoceaniche, di scambi di sensibilità e *know-how* per arrivare a un risultato strabiliante per l'espressività territoriale.

Luce nacque dall'amicizia tra la famiglia Mondavi (il dio del vino californiano, di origini italiane ma perdute nel passato) e i fiorentini Frescobaldi. L'attuale presidente del gruppo toscano, Lamberto Frescobaldi, si è diplomato all'Università di Davis, in California, e volentieri racconta dell'influenza e del fascino che l'impronta tecnica e manageriale americana esercitò subito su di lui, toscano di antica e nobile schiatta, come su tanti altri giovani enologi italiani e francesi. Nella nascita di Luce, un taglio tra Sangiovese e Merlot, si incrociarono paradossalmente il suo desiderio di portare in Toscana un po' di California e quello dei Mondavi di portare un po' di Toscana in un progetto anche americano. Nel calice ritroviamo questo incrocio tra vecchia Europa e California nella combinazione tra frutto intenso al naso, palato rotondo, tannino levigato e uso saggio delle barrique.

Anche la nascita della tenuta dell'Ornellaia ha respiro cosmopolita: californiano con un tocco russo. Lodovico Antinori infatti, fratello di Piero, chiamò in Italia il «papa» degli enologi californiani, il principe André Tchelistcheff, fuggito dalla Russia comunista in Ungheria, indi in Francia per emigrare infine negli States agli albori dell'enologia in Napa Valley. André, al quale è stato dedicato un meraviglioso lungometraggio dal nipote regista che vive a Berlino,[2] oltre mezzo secolo fa coniugava una profonda conoscenza tecnico-scientifica con la sensibilità del viticoltore, avviando un percorso che oggi costituisce la cifra dei grandi enologi contemporanei.

Insomma, più passa il tempo, meno ha senso di esistere una reale divisione concettuale tra Vecchio e Nuovo Mondo del vino, siamo di fronte a una contaminazione continua. Di per sé, teoricamente, questo è un dato positivo, con grandissimi vini provenienti da tutto il pianeta, purché ogni Paese e ogni zona vocata alla viticoltura trovino la strada per lo sviluppo di una propria personalità e identità forti, di modo che un Barolo sappia di Nebbiolo, un Gevrey-Chambertin (Pinot Nero) dica chiaramente Borgogna e un Cabernet della Napa Valley ci parli di California.

2 Mark Tchelistcheff, *André – The Voice of Wine*, 2017.

7.

Il fascino discreto dell'enologia

Facciamo un po' di orienteering. Il mondo del vino è ampio, tanto da lasciarci talvolta spaesati. Il linguaggio è criptico, con le sue note organolettiche, il tannino, i tonneaux, la fermentazione malolattica... esistono più livelli di lettura, certamente. È la sua forza. Il vino si può apprezzare senza saperne molto, per profumo e sapore, che ci ammaliano pur in assenza di informazioni su come sia stato fatto o chi l'abbia prodotto. Quante volte ho sentito dire « non ci capisco nulla, ma so distinguere un vino buono da uno cattivo ». Sarà vero? Certamente tutti – o quasi – sanno scegliere tra quello che piace di più o di meno. Ma per capire il vino (è inutile nascondersi dietro a un dito) bisogna conoscerne almeno le basi, avere un'idea di quel che si trova in giro, riconoscerne gli stili principali e le tipologie (ad esempio: bianco fresco e fruttato, senza maturazione in legno, bianco evoluto e strutturato, rosso giovane e florale, o invecchiato e speziato eccetera).

Non tutti i vini sono di immediata comprensione. Molte persone di fronte a un vino « orange », o macerato, di colore per l'appunto aranciato, profumo atipico, tendente a volte all'ossidato (leggi « marsalato »), dal sapore leggermente amaro (o « fenolico », per via dell'estrazione di fenoli amari dalle bucce) rimangono disorientate, lo rifiutano come difettoso. Così alcuni vini « naturali », che conservano un tocco *pétillant* (frizzantino), al palato, da alcuni sono assai poco graditi, perché tecnicamente si tratta di una rifermentazione in bottiglia, cioè un accadimento che gli enologi perfezionisti evitano come la peste.

Oppure, per chi non ne è abituato, certi rossi corposi da 15 gradi alcolici, come uno Châteauneuf-du-Pape o un Amarone della Valpolicella o un Cabernet californiano risulteranno eccessivamente alcolici e potenti. Non è detto che tutti sappiano apprezzarli, insomma. E ancora un sottile Pinot Nero di Volnay, in Borgogna, elegante e delicato, o un succoso ed energico Cabernet Franc della Loira, un profumato e schietto Beaujolais d'autore... da qualcuno potrebbero essere interpretati come vini sempliciotti, quando magari siamo di fronte a piccoli capolavori, per chi sa leggere il contesto e apprezzare tipologie di vini particolari.

Di questo si rendono conto le molte persone che si avvicinano alla materia con passione e sguardo curioso. Sovente in loro scatta il desiderio di seguire un corso di avvicinamento al vino. I più audaci addirittura partono dall'alto, dichiarando di voler diventare « sommelier ». Questo vocabolo è ormai divenuto sinonimo di esperto *tout court*, perché i corsi « da sommelier », divenuti popolarissimi in Italia, dagli anni Novanta in poi, hanno formato decine di migliaia di appassionati. In realtà, ricordiamo che quella del sommelier è una professione, ed è una particolarità tutta nostrana quella che siano proprio le associazioni di categoria a formare non solamente altri professionisti, ma anche amatori.

Tornando al professionista della selezione e della mescita, il sommelier-sommelier, è innegabile che nel tempo questa figura si sia ampliata, come percezione e significato, e oggi incontriamo il medico-sommelier, l'avvocato-sommelier, l'impiegato-sommelier.

Puntare alto

Il sommelier è soprattutto l'addetto ai vini di un ristorante (o di un'enoteca), colui che li sceglie, li propone al cliente, tiene il magazzino, segue gli ordini eccetera. È una figura preziosa nei locali, anche se non tutti i ristoratori la inseriscono in organico. Un bravo venditore di vini in sala cambia le sorti dello scontrino finale, considerato il margine di guadagno che si può ricavare da una bottiglia. A proposito, un consiglio: al ristorante puntate alto, se amate il vino, scegliete etichette di valore, visto che spesso, paradossalmente, sono le più convenienti. Questo perché il ricarico su un vino acquistato dal ristoratore a 5 euro può essere del 300% o più, e quindi lo troverete nella carta dei vini a 15-20 euro. Una bottiglia da 50 euro invece, che soprattutto in alcuni luoghi non gira facilmente, potrebbe costarvi 70-80 euro. In assoluto spendiamo di più (e questo è quello che conta per il ristoratore), ma in rapporto abbiamo fatto un affare, pagando magari quel vino quanto ci sarebbe costato in un'enoteca. Il vino da 5 euro possiamo serenamente acquistarlo al supermercato a 6-7 euro, cioè a poco più della metà del prezzo praticato dal ristorante.

Oggi in Italia i sommelier (divisi in varie scuderie) sono tra i principali dispensatori di formazione, i corsi sostengono economicamente le associazioni e danno lavoro a centinaia di docenti che viaggiano in tutta la Penisola per tenere lezioni su specifiche regioni viticole, sulle tecniche di servizio, sulle tecniche di abbinamento. Dunque, ora risponderò a una delle domande più gettonate alle mie cene – « quale corso mi consigli di seguire? » – passando al vaglio le diverse alternative, tra l'offerta delle varie associazioni e i vertici della formazione in materia vinicola, casomai vi venisse il desiderio di diventare Master of Wine.

La madre di tutte le associazioni è l'Associazione italiana sommelier, fondata nel 1965. Ha formato decine di migliaia di persone, tra professionisti e appassionati, ai quali è stato conferito il Diploma di sommelier dopo il superamento dell'esame di 3° livello. Esistono anche livelli superiori, con due master, quello dell'ALMA-Ais, proposto dalla Scuola internazionale di cucina italiana con sede a Colorno (Parma), e un vero e proprio Master universitario, realizzato con la prestigiosa Scuola Superiore Sant'Anna di Pisa.

Quella dell'Ais è una lunga storia che ha visto in oltre cinquant'anni momenti gloriosi, e altri meno. Fondata a Milano, nel capoluogo lombardo ha sempre mantenuto la sede, ma l'associazione vanta delegazioni in tutte le regioni d'Italia e delegati provinciali.

Qualche anno fa la costola romana divenne così potente, grazie alla felice posizione al centro della politica e del sistema radiotelevisivo italiano, da raggiungere una visibilità di molto

maggiore rispetto alla sede centrale lombarda. A quei tempi risale la creazione di una rivista e di una guida ai vini d'Italia, entrambe sotto il nome di *Bibenda* (i cui marchi non erano di proprietà Ais) ed entrambe coordinate da Roma, inviata in omaggio a tutti i soci Ais, dunque diffusa con buona capillarità. La favola si concluse e nel 2013 fu creata la Fis, Fondazione italiana sommelier, con strascichi legali e accuse reciproche. Nel frattempo l'Ais ha creato una sua nuova rivista e una nuova guida ai vini, *Vitae*.

Un'altra scissione importante, per l'Ais, riguarda l'uscita dell'ex presidente dell'associazione, Giuseppe Vaccarini, campione mondiale dei sommelier nel 1978. In disaccordo con la gestione Ais, nel 2007 nasce l'Aspi, Associazione *sommellerie* professionale italiana.

Ovviamente, tutte queste associazioni (Ais, Aspi, Fis) erogano corsi, la cui qualità varia a seconda del docente delle singole lezioni, ma l'attestato più noto e riconosciuto in Italia è quello dell'Ais. In Italia, appunto, poi parleremo del mondo.

Quando cominciai a interessarmi al vino decisi di diplomarmi con l'Ais e i suoi corsi erano così ambiti che bisognava mettersi in fila nella notte, fuori dalla sede, che era il sottoscala di un albergo milanese, per conquistarsi l'iscrizione all'affollatissimo livello 1.

Il corso era ed è impegnativo: due lezioni a settimana per un paio di mesi (serale per i lavoratori, con possibilità in pomeridiana per i giovani e per i professionisti della ristorazione), con un limite massimo di due assenze, per accedere al livello successivo e al test di valutazione.

Il corso completo prevede, al primo livello, nozioni di cultura vitivinicola di base, sulle funzioni del sommelier, i rudimenti della degustazione. Secondo livello: enografia nazionale (con analisi approfondita dei principali vini delle regioni italiane) e un pizzico di viticoltura internazionale. Il terzo livello è interamente dedicato alle tecniche di abbinamento cibo-vino.

Considerata la capillarità dei corsi, l'attività dell'associazione in tutta la Penisola, tutto sommato quella di seguire l'Ais mi pare la scelta più sensata. Esistono poi altre associazioni di valore, ma con diffusione meno capillare come la Fisar, Federazione italiana dei sommelier albergatori e ristoratori, fondata ad Asciano (Siena) nel 1972, e l'Onav, Organizzazione nazionale assaggiatori di vino, fondata ad Asti nel 1951. Quest'ultima ha un ruolo e una storia importante, con alcuni docenti di eccellenza, e mira a formare « tecnici della degustazione », che possono poi svolgere anche attività, ad esempio, nelle commissioni per la valutazione dei vini Doc e Docg presso le Camere di commercio.

Questi corsi sono impegnativi, da considerare se vogliamo approfondire la materia o se pensiamo di poter rendere il vino, un giorno, il nostro mestiere. Va detto però che la strada in tal senso è dura, e mi spiace disilludere coloro i quali sognano di entrare nel magico mondo del vino appena conseguito il diploma Ais o simili. Capita che ci sia bisogno, per i corsi e per le serate, di sommelier per il servizio in sala, talvolta remunerati, talvolta volontari in cambio magari dell'assaggio gratuito dei vini. Capita anche che qualche neodiplomato riesca a entrare in un buon giro di servizi e che finisca con l'esercitare il ruolo di « ambasciatore » di qualche cantina, che rappresenterà ai banchi di degustazione.

Ma per proporsi come collaboratori di livello nelle aziende che si occupano professionalmente di vino, tanto nell'organizzazione di eventi quanto nella produzione o nel commercio, la strada è lunga, la domanda di lavoro enorme, l'offerta – ahinoi – scarsa. Inoltre, come in tutti i mestieri, per lavorare in questo settore non è sufficiente conoscere la materia, ma è necessario comprenderne le dinamiche, le prospettive, le potenzialità, le relazioni. E per questo ci vuole tempo.

Visto che nel capitolo 6 ho distinto la prospettiva nazionale da quella internazionale riguardo all'immagine del vino italiano, anche nel caso della formazione terrei a sottolineare le differenze che il lettore deve tenere a mente se intende aprirsi al mondo.

Se ci interessa il vino nella sua ricchezza internazionale e soprattutto se puntiamo ad avere una *chance* di essere considerati esperti vinicoli fuori dall'Italia, nessuno dei corsi citati, purtroppo, è ideale, perché peccano tutti di italocentrismo.

Solo spiegare all'aspirante sommelier le principali Doc e Docg italiane è un bell'impegno didattico, che prende infatti quasi interamente il livello 2 dell'Ais. Ma siamo sicuri che sia più importante, se ci avviciniamo al mondo del vino, conoscere l'Albana di Romagna (con tutto il rispetto per un bianco formidabile) e ignorare l'esistenza del Semillon australiano o del Pinot Nero dell'Oregon?

Esiste una scuola internazionale, che recentemente ha aperto filiali anche in Italia: si chiama WSET (Wine & Spirit Education Trust) e vanta centomila studenti all'anno in 74 Paesi. Il colosso della formazione, con sede a Londra, propone un percorso diviso in 4 livelli fino all'ambito Diploma WSET il quale attesta, con validità universale, un'ottima conoscenza generale del mondo di Bacco dal punto di vista della vitivinicoltura, dell'enografia globale e del business del vino, capitolo del tutto assente nei percorsi formativi italiani, a parte il Master Vini e mercati mondiali della Scuola Sant'Anna di Pisa, nel corso del quale si approfondisce il tema dell'export vinicolo, essenziale per chiunque desideri dedicarsi all'esportazione, tema sempre più cruciale per le imprese vinicole, e dunque ambito, in cui è possibile trovare un'occupazione se si è disposti a viaggiare.

Il Diploma WSET è anche considerato una buona base per affrontare la sfida delle sfide, l'Everest del vino, ossia l'esame per diventare Master of Wine. Questa è una qualifica che si ottiene superando quattro giorni consecutivi di esami teorici e pratici presso l'Institute of Masters of Wine di Londra, al termine dei quali meno del 10% dei candidati riesce nell'impresa. L'esame fu istituito nel 1953, certifica una non comune conoscenza della materia, da ogni punto di vista, e – completato il percorso con la stesura di una sorta di tesi di laurea – consente di entrare a far parte del club e consente di poter aggiungere due lettere, piccole ma preziose, al proprio nome: MW.

Sono 390 oggi i Masters of Wine in 30 Paesi, ancora nessun italiano. Lo scrivente è in corsa per il titolo. Quando cominciai a frequentare l'Istituto a Londra mi resi conto del provincialismo della nostra formazione, dettato da una condizione oggettiva, nostra forza ma anche nostra debolezza: noi italiani (come gli spagnoli, i portoghesi, i francesi...) siamo nati nei vigneti, abbiamo centinaia di vini e di vitigni da apprezzare e conoscere, siamo considerati i padri fondatori dell'enologia e ci basta così, fintanto che non ci troviamo a dover discutere con chi il vino, più che produrlo... lo compra, come gli inglesi, i nordeuropei che, per il fatto che si approvvigionano di etichette da tutto il globo, conoscono i vini di tutti i Paesi, li distinguono, valutano, comparano.

L'altro esame che terrorizza i candidati e su cui si incentrava un documentario americano del 2013, *Somm*, è quello per conquistare il titolo di Master Sommelier, la vetta per chi esercita la professione. Si tratta di un esame meno accademico del MW e richiede un minore approfondimento teorico su materie tecniche e di business, ma per superarlo sono necessarie altrettante, se non superiori, capacità di degustazione, e ottime doti di comunicazione verbale. Infatti, l'esame MS ha una parte orale che l'MW non ha, poiché si svolge tutto per iscritto. Ora, anche nel caso della Court of Master Sommeliers stiamo parlando dell'élite (circa 269 persone al mondo), di un sogno

Prezzi stellari

Una domanda che alla mia tavola ricorre davvero spesso è la seguente: come fa una bottiglia a costare 100 o 1000 (o aggiungo io, perché pochi lo sanno, anche 15.000) euro? Oppure, affrontando lo stesso tema da un'altra angolatura: quanto può arrivare a costare una bottiglia di vino al suo produttore?

Un enologo scrisse che, messi tutti insieme i costi della vigna, della cantina, degli operai, del packaging (etichetta, tappo, capsula per coprire il tappo eccetera), una bottiglia d'eccellenza non costa più di 5 euro. Si alzò un polverone da parte delle aziende vinicole, come se dovessero nascondere margini stellari che nemmeno lo spaccio di cocaina consentirebbe di raggiungere. Sinceramente, ho i miei dubbi ed è davvero difficile stabilire un costo medio di una bottiglia di vino. Vi sono tante voci difficili da allocare sulla singola bottiglia, e poi di quante bottiglie di quel determinato vino parliamo? 5 o 500.000? Prodotte a Barolo oppure ad Asti? E poi conteggiamo anche il costo della terra, della vigna acquistata per produrre quel vino? In tal caso, per rientrare nell'investimento ci vorranno decenni, o secoli (se ho acquistato un ettaro a Montalcino) a meno di far pagare la bottiglia cifre stratosferiche, inaccettabili dal mercato.

per chi ambisce all'iniziazione, alla conquista dei vertici della sapienza in questa materia dai contorni vagamente misterici. Ma, tornando al desiderio di acquisire le basi per apprezzare un Cortese di Gavi o un Primitivo di Manduria, è sufficiente rivolgersi alle enoteche che nelle principali città italiane organizzano discreti corsi introduttivi. Esistono anche diversi libri propedeutici, anche sulla degustazione del vino ma, onestamente, questa è una materia in cui la teoria deve sempre essere accompagnata dalla pratica.

È pur vero che il valore intrinseco di un prodotto è una cosa, quello di mercato un'altra e segue le classiche leggi della domanda e dell'offerta, a cui dobbiamo aggiungere la forza dell'immagine. Se tutti gli intenditori vogliono assaggiare Monfortino, il cru di Barolo prodotto dall'azienda Giacomo Conterno, il prezzo di questa bottiglia, nelle annate migliori, supererà abbondantemente i 1000 euro, dato che già all'immissione sul mercato ne costa circa 500, in enoteca.

E poi c'è un prezzo legato a grandiose operazioni di marketing, anche di vini in definitiva non rari, come Dom Pérignon ad esempio, ma così ambiti e dall'immagine percepita così lussuosa che sfiora i 200 euro. Beninteso, è un ottimo Champagne, un capolavoro di bravura, anzi, proprio per il rapporto tra qualità intrinseca e quantità della produzione.

Oppure ci sono vini, come Petrus (dai 1000 ai 5000 euro, prodotto a Pomerol, Bordeaux) o Masseto (oltre 1000, prodotto a Bolgheri, in Toscana) sia rari sia costosi che finiscono sulle tavole dei *nouveaux riches*, purtroppo, che raramente li sanno apprezzare, ma li esibiscono come bandiere di ricchezza, magari (succede spesso) miscelandoli con la Coca-Cola. E gli intenditori, non di rado molto meno facoltosi, devono rinunciare.

8.

I più grandi vini italiani e del mondo (ovvero il capitolo impossibile)

Siamo arrivati al capitolo che non avrei mai voluto scrivere, alla domanda che di solito eludo magistralmente: qual è il tuo vino preferito? Davvero, non ho una risposta. Sono fortunato, o se vogliamo troppo viziato, dato che ormai da anni assaggio i migliori vini del mondo senza sosta. E il vino per me è soprattutto convivialità e condivisione, per cui non manca mai anche una bottiglia interessante a cena. Ma vado a periodi, con le preferenze, dipende dalle stagioni e dalla temperatura esterna. In ogni modo, in questi ultimi dodici mesi le mie preferenze, ma puramente a livello di personale inclinazione, non di qualità, sono andate agli Champagne vintage (millesimati), allo Chablis e al Vermentino di Gallura, al Cabernet Franc nello stile floreale e viperino della Loira, ai cru del Beaujolais, con una preferenza per il Moulin-à-Vent, al Nebbiolo dell'Alto Piemonte, al Porto Vintage con una perversione per lo Sherry Fino bevuto freddo da aperitivo.

In realtà, ne potrei menzionare molti altri (!) ma diciamo

che se stasera mi facessero trovare una delle etichette citate, ne sarei felice.

Perché poi dipende dal produttore, dall'annata, dallo stato di conservazione della bottiglia... insomma, lo sappiamo: ogni bottiglia ha una sua vita propria che tocca il nostro animo diversamente a seconda del momento. Vi è mai capitato di innamorarvi di un vino, poi di riassaggiarlo identico qualche giorno o settimana dopo e non riconoscerlo nemmeno più? Come quegli amici che incontri dopo anni, per caso sul treno, e a fine corsa ti domandi come abbiate potuto andare così d'accordo allora.

Quindi, cosa scrivere in questo capitolo, dato che vorrei proporti, caro lettore, almeno qualche suggerimento su vini che dovresti assaggiare, a mio avviso, per avere una panoramica del meglio del mondo? Se impostassimo il discorso per regioni italiane e poi Paesi europei, indi per continenti... ne verrebbe fuori un altro volume.

Cercherò dunque di raccontarvi i più grandi vini del mondo, o almeno quelli che preferisco, per stili-tipologie, in modo tale che se sarete curiosi potrete andare a cercarvi quelli citati, online o meglio in enoteca. Apro solo una parentesi sullo stile del vino, una categoria concettuale molto utilizzata all'estero, specialmente nei Paesi di matrice anglosassone, e pressoché ignorata in Italia. Esempio: quando entra un cliente nella mia enoteca, nove volte su dieci chiederà un rosso toscano o piemontese, un Prosecco o un Franciacorta (drammaticamente confondendoli, ultimamente). Perché siamo abituati a muoverci su base territoriale, anche al supermercato, nel reparto vi-

no. Ma se come scrivevamo nel capitolo 6 l'origine vince, quando si parla di qualità del vino, quando si parla di comunicazione con il cliente, sarebbe utile uscire un po' dallo schema territoriale, che prevede, inevitabilmente, un livello di cultura enologica già alto. Risultato, molti si allontanano dalle rivendite di vino per non dover sostenere quello che percepiscono quasi come un esame. Tanto che alcuni entrano alzando le mani: « Guardi, io non mi intendo di vino, è mia suocera che beve... »

Lo stile ci consente invece di andare dritti a quelle due o tre caratteristiche che definiscono un vino per com'è, come si presenta, a livello basico, ma assicuro efficace: vuole un bianco, corposo con una nota speziata e vanigliata oppure più agrumato e fresco? Il cliente sarà comunque più a suo agio piuttosto che sentirsi rivolgere il quesito: « Bianco campano o altoatesino? » In questo caso la vendita si conclude facilmente con reciproca insoddisfazione: io non ho potuto descrivere un vino che mi piace, il cliente avrà risposto per sentito dire, per pregiudizio geografico, o a caso... e chissà se gli piacerà quello che c'è nella bottiglia.

Solo raramente entra l'acquirente ideale, quello che pende

Che cos'è una Doc?

L'acronimo Doc sta per Denominazione di origine controllata, una categoria nata con legge del 1963 per tutelare i vini italiani più tipici. Nel 1980 furono introdotte le Docg (Doc+g, che sta per garantita) e i primi vini a fregiarsi del titolo furono il Vino Nobile di Montepulciano e il Brunello di Montalcino.

Il legislatore intendeva creare una sorta di piramide della qualità, per tutelare il consumatore sulla certezza della provenienza dei vini. Si dava per scontato che fosse tutelata anche la qualità, perché i vini che portano questa dicitura in etichetta seguono un disciplinare che prescrive molti dettagli sulle modalità di produzione: le uve utilizzate, la loro provenienza, le tecniche di vinificazione, le pratiche di invecchiamento, persino le tappature (un Barolo non può essere chiuso col tappo a vite) e il packaging (un Brunello non può essere imbottigliato nel fiasco da Chianti).

La piramide della qualità prevede i vini da tavola alla base; a seguire, verso il vertice, quelli a Igt (Indicazione geografica tipica), a Doc e quelli a Docg. Tra le differenze principali, un vino da tavola non può recare in etichetta l'annata, né le uve d'origine; e, a salire, le richieste qualitative e di garanzia per l'origine si fanno più stringenti, ad esempio impongono l'imbottigliamento in zona.

dalle tue labbra e adorerà qualsiasi cosa gli proporrai. C'è un limite ed è quello del gusto: se tu adori i Riesling, acidi e abboccati, e quello i vini vesuviani, si scontrano stili troppo distanti. Infine, parlando di enoteche, bisogna però ammettere che vince sempre l'entusiasmo del venditore: il cliente acquista per lo più il vino che il venditore ha proposto con maggiore convinzione e non a caso Agnese, la sommelier che gestisce la nostra enoteca milanese, fiorentina sino al midollo, vende soprattutto vino toscano.

La questione della qualità rimane sempre sullo sfondo. Nel caso di alcuni vini Doc le rese delle piante espresse in quantità di uva per ettaro sono ancora eccessivamente alte, come il Montepulciano d'Abruzzo Doc che può arrivare a 14 tonnellate per ettaro, contro le 8 del Barolo e del Brunello di Montalcino. Le rese eccessivamente abbondanti corrispondono ad acini « diluiti », perché i nutrienti saranno stati distribuiti a una famiglia molto più numerosa.

Se dalla qualità del vino poi ci aspettiamo che rispetti o addirittura esalti la tipicità del prodotto, siamo ancora più lontani. Ecco ad esempio che cosa prescrive la legge sul vino Doc Aglianico del Vulture: « All'atto dell'immissione al consumo, deve rispondere alle seguenti caratteristiche: colore rosso rubino; odore *tipico*, gradevole e intenso; sapore dal secco all'abboccato, giustamente tannico e sapido ». Difficile farsi un'idea dei profumi e del suo sapore, se non si definisce con rigore il significato del termine « tipico ».

E così la mancanza di chiarezza impedisce ai vini di presentarsi ai consumatori con un'identità forte, minandone la riconoscibilità e il successo.

Bollicine

Partiamo dunque dalle bollicine. Il prototipo è lo Champagne, prodotto con la rifermentazione in bottiglia che conferisce corpo, genera un perlage fine e persistente, e dona profumi che spaziano dalla mela alla scorza di cedro candita, alla crosta di pane lieve sino alla brioche intensa, come nel caso dei *vintage*, ossia i millesimati, che restano almeno tre anni a contatto con i lieviti, ma normalmente più a lungo. Li amo per lo straordinario equilibrio tra l'acidità, la morbidezza data dall'invecchiamento, l'ampiezza del bouquet, la persistenza, ovvero la capacità di mantenere il proprio sapore al palato anche per lungo tempo, dopo la deglutizione. All'interno della tipologia, gli stili dello Champagne (e in generale degli spumanti metodo Classico) sono svariati, dal secchissimo (Nature, cioè non dosato) al dolce, ma i più diffusi sono Brut, ossia con un dosaggio inferiore ai 12 grammi di zucchero per litro, cioè quel tanto che basta per contrastare la tendenza acidula del vino raggiungendo un equilibrio di gusto.

Su questo stile, in Italia ce la giochiamo con il Franciacorta in Lombardia e con il Trentodoc. In Spagna lo stesso metodo produttivo dà origine al Cava, dai profumi di mela più matura ed erbe mediterranee.

Restando sempre sulle bolle, l'alternativa *made in Italy* di cui abbiamo scritto diffusamente si chiama Prosecco, con rifermentazione in autoclave, profumo « melaromatico » come efficacemente lo definiva già Aureliano Acanti nel 1754,[1] con no-

1 Mi riferisco al poemetto *Il roccolo ditirambo* (1754), una preziosa fonte per la storia dei vini

te di salvia e pera, fresco e leggero. Si divide in due mondi, quello Doc che si può produrre da Treviso a Trieste e quello Docg (il Prosecco Superiore di Conegliano Valdobbiadene), dal profumo più intenso, leggermente speziato, più consistente al palato. Personalmente sono un cultore del Cartizze, la punta di un'ideale piramide qualitativa del Prosecco, una collina di 108 ettari. Un luogo comune vede il Prosecco, facendo di tutt'erba un fascio, un prodotto banale, il che è del tutto falso. Primo, se chiudi gli occhi vedi un paesaggio meraviglioso, secondo – ad esempio – non è vero che non può invecchiare, e chiedere alla famiglia Bisol o a Silvia e Primo Franco per rendersene conto. Ne ho assaggiati anche di trent'anni, e non sfiguravano affatto.

Battitore libero: il Lambrusco, frizzante ma rosso, secco o abboccato, è stato una bandiera nazionale, il vino più popolare negli Stati Uniti dal secondo dopoguerra a tutti gli anni Ottanta. Lo conosciamo come perfetto compagno dei salumi, coppa, prosciutto, culatello e gnocco fritto, in un perfetto connubio territoriale. A mio avviso è un capolavoro italiano da rivalutare, anche per la sua unicità. È prodotto con diverse varietà di uve Lambrusco: Salamino, Maestri, Mantovano, Grasparossa, Viadanese, Ancellotta... il mio preferito è quello di Sorbara, secco ma non castigato, sapido, delicato, dai profumi di rosa e lampone, nelle versioni migliori ha un equilibrio gustativo delicato da far invidia ai migliori vini del mondo. Certo, è friz-

italiani, con un occhio di riguardo per il Veneto. Qui troviamo il primo spot italiano del Prosecco (quattro secoli prima, il *Decamerone* aveva lanciato la campagna marketing del Parmigiano).

zante ed è rosso (o meglio rosato, nel caso del Sorbara), bisogna prima riconoscerne lo stile.

Bianchi

Se siete appassionati o esclusivi bevitori di vini bianchi, ecco le mie scelte. Sullo stile « senza legno », cioè né affinato né invecchiato in alcuna botte, in riferimento a bianchi prodotti esclusivamente in vasche inox o di cemento, oppure in botti così vecchie da contribuire solo all'ossigenazione del vino, ma che non rilasciano alcuna nota *boisé*, l'Italia vanta una miriade di alternative. Un'altra caratteristica dei bianchi italiani « giovani e freschi » è che sono ottenuti da vitigni tendenzialmente neutri, ovvero non aromatici come i Gewürztraminer, il Moscato, il Sauvignon. Si chiamano Vermentino in Liguria, Toscana e Sardegna, Gavi (da uve Cortese) e Arneis in Piemonte, Bianco di Custoza e Soave in Veneto, Falanghina, Greco e Fiano in Campania, Verdicchio nelle Marche, Trebbiano d'Abruzzo... tutte le regioni ne producono; alcuni come il Pinot Grigio, prodotto nel Triveneto, sono molto popolari in tutto il mondo. Il problema, in questo caso, è che lo spirito commerciale di tante aziende vitivinicole italiane ha portato a immetterli sul mercato con eccessivo anticipo, su richiesta dei ristoratori che chiedono sempre l'ultimissima annata, mentre sono vini che con qualche mese in più di affinamento in bottiglia, in certi casi resistenti anche anni, esprimono un bouquet inarrivabile, come certi Trebbiano d'autore, leggi i Valentini o i Pe-

pe, che con l'età danno il meglio di sé. Ma stiamo scivolando così in uno stile diverso, quello dei bianchi maturi, strutturati, anche invecchiati in legno.

Intanto, se desideriamo assaporare lo stile « solo acciaio » di bianchi freschi e dinamici, all'estero, bisogna provare i grandi Chablis, anch'essi di straordinaria longevità, i Sancerre (vitigno: Sauvignon) profumati, leggermente erbacei con note di salvia e pompelmo, oppure il Muscadet-Sèvre-et-Maine, sempre dalla Loira, che ha un caratteristico profumo di pane e una certa morbidezza al palato data dalla lunga permanenza *sur lie*, sui lieviti. Ultimamente altri due vini europei, in questa tipologia « senza legno » mi hanno stregato: l'Albariño delle Rias Baixas, sul versante oceanico della Spagna, dal profumo di agrumi e sapore delicato e leggermente untuoso, sostenuto da una brillante acidità, e l'Assyrtiko di Santorini, potente e sapido da terreni vulcanici. Dal Nuovo Mondo, in questo stile, non può mancare l'assaggio di un Sauvignon di Marlborough in Nuova Zelanda.

Un paragrafo a parte, per ricchezza e versatilità, meritano il Riesling e il suo compare, simile per certi versi, Chenin Blanc. Il primo, di nobile schiatta teutonica, ma diffuso con punte di eccellenza anche in Francia (Alsazia), Austria e Italia, oltre che negli Usa e in Australia; il secondo conteso soprattutto tra la natìa Loira e il Sudafrica, dove è il vitigno a bacca bianca più coltivato. La loro caratteristica è la duttilità, la capacità di esprimersi ottimamente sia negli stili secchissimi sia in quelli dolci, e non sono da disprezzare nemmeno nella versione spumante.

I bianchi strutturati, affinati in legno, sono una delizia per gli intenditori: i grandi Chardonnay di Borgogna (Meursault, Puligny-Montrachet, Chassagne-Montrachet, Corton-Charlemagne...) o i tagli bordolesi di Sémillon e Sauvignon di Bordeaux (Pessac-Léognan) sono dei punti di riferimento, così come il profumato, corposo, speziato Viognier di Condrieu nella valle del Rodano. L'Italia non aveva una tradizione di questi stili, ma dagli anni Settanta, quando prese avvio il « Rinascimento » del vino tricolore, ne sono nati parecchi: dal Vintage Tunina in Friuli (blend di uve per lo più internazionali) a tutti i grandi bianchi del Collio, gli Chardonnay in stile Bourgogne di Angelo Gaja e Pio Cesare, o in Toscana il Cabreo La Pietra, il Cervaro della Sala, con un saldo di Grechetto umbro, fino al più recente fenomeno dello Chardonnay Planeta o il Grand Cru di Rapitalà in Sicilia. Oltreoceano, California, Oregon, Cile, Argentina, Australia... tutti propongono Chardonnay affinati in barrique, tutti con sottili differenze climatiche e territoriali, ovviamente, ma nello stesso stile. La scelta è immensa.

Tra i bianchi molto profumati e tendenzialmente abboccati un posto d'onore spetta all'impronunciabile (ma nonostante ciò di grande successo) Gewürztraminer. Si dice sia originario della nostra Tramin/Termeno, ma come sempre nelle questioni ampelografiche (lo studio della vite) non vi è certezza. In ogni modo, l'Alto Adige in Italia è certamente il faro per questo vino, che però deve la sua popolarità alle versioni alsaziane di vini speziati, abboccati complessi che invecchiano meravigliosamente. Non è forse un caso, sintesi tra i due concetti appena espressi (la culla di Termeno e lo stile francese) che l'Epokale della Cantina Tramin abbia ottenuto l'anno scorso, primo vino fuori da Toscana e Piemonte, i 100 punti Parker, il punteggio più ambito.

Rossi

Apriamo ora il capitolo dei rossi, partendo da quelli giovani e leggeri. Anche in questo caso, l'Italia è ricca di rossi che definirei semplici, il che non significa di scarsa qualità. Come i bianchi d'annata, i rossi non invecchiati, di pronto consumo, sono nel dna nazionale, da quando venivano prodotti per il sostentamento della popolazione con uve e tradizioni locali, molto schiette, molto contadine. Al Nord, tra Lombardia e Piemonte, ricorderei in questa categoria la famiglia della Barbera (e per similitudine di Bonarda, Freisa, Croatina e compagnia): rossi aciduli, succosi, spesso abboccati nella tradizione. Il Nebbiolo, vitigno apprezzatissimo, può essere utilizzato anche per vini giovani e floreali, sebbene, considerato il successo delle versioni strutturate e invecchiate, sia sempre meno frequente in questo stile. Più a est, nel Veronese svetta la Corvina, base di Bardolino e Valpolicella, in Trentino il Marzemino e il Teroldego, Schiava e Lagrein in Alto Adige. In Friuli, Merlot e Cabernet Franc sono di casa da oltre un secolo, accanto agli autoctoni Refosco e Schioppettino.

Nel Centro Italia, verso l'Adriatico dominano Montepulciano e Sangiovese, il quale è storicamente il pilastro anche dei rossi toscani (Chianti in testa), sul versante tirrenico. Verso sud, principe in Campania è l'Aglianico, anche in versioni giovani e fruttate (può avere un intenso e attraente profumo di more mature), il Gaglioppo è simbolo di Calabria, mentre in Puglia sono Primitivo e Negroamaro a contendersi il primato. Parlando di isole, in Sicilia troviamo Nero d'Avola e in Sardegna Cannonau (parente del *Grenache* francese) e Carignano.

Tra i rossi freschi in versione giovane e beverina, dall'estero suggerirei di non perdere i migliori Beaujolais, dalla Borgogna, prodotti con la versatile uva Gamay, i succosi rossi sulle sponde del Rodano (Côtes du Rhône) a base di Grenache, Syrah e Mourvèdre, oppure più a nord, sempre in Francia, i Chinon o Saumur-Champigny della Loira (ottenuti con l'erbaceo ma vibrante Cabernet Franc). Interessante, nello stesso stile leggermente più strutturato, anche il Blaufränkisch dall'Austria, così come i vini del Nordovest spagnolo, dalle zone di Bierzo e Ribeira Sacra, a base di Mencía, vitigno speziato dall'intenso frutto rosso.

Nel Nuovo Mondo, soddisfazione possono dare certi Malbec argentini specialmente dalle vigne migliori della Uco Valley o di Salta, tendenzialmente strutturati e maturati in legno, ma anche alcune versioni più fresche, così come la Bonarda argentina, che gli enologi stanno rivalutando (e che non ha nulla a che vedere, geneticamente, con quella italiana).

I Cabernet semplici del Cile tendono a essere eccessivamente erbacei, mentre negli Stati Uniti la categoria del fresco e leggero è poco rappresentata. In genere, nel Nuovo Mondo, anche i vini giovani e più semplici sono proposti in stile piuttosto corposo, oppure tendente all'abboccato, oppure ammantati di note speziate e vanigliate artefatte, ottenute non con l'affinamento in preziose barrique, pratica che prende anche tempo e impone costosi stoccaggi del prodotto, ma con l'aggiunta di *chips*, ossia scaglie di legname, per mantenere bassi i costi e collocarsi sullo scaffale a prezzo modico tra i vini « semplici ».

Tutti questi rossi, naturalmente, coesistono nelle versioni leggere e scanzonate, da gustare alle tavolate di famiglia, o durante un pic-nic tra amici, così come – e sempre più, considerata l'evoluzione delle abitudini di consumo – nelle tipologie da invecchiamento. Parlando di grandi vini, invece, quelli della festa o delle grandi occasioni, passiamo ai rossi strutturati, da invecchiamento, e quelli che all'estero definiscono *fine wines*, vini di pregio. Anche in questo caso la Francia ha offerto i prototipi: Bordeaux, Borgogna, Hermitage... ma l'Italia avanza, anche nella reputazione internazionale, con proposte vincenti, raffinate ma al contempo ancora – mediamente – abbordabili.

Sempre da nord a sud, la cantina ideale dovrebbe contenere esempi di Barolo e Barbaresco dalle Langhe, il mio adorato Nebbiolo dell'Alto Piemonte (dalle terre di Ghemme, Gattinara, Boca, Lessona, Carema), ma è in ascesa e personalmente apprezzo molto il Nizza, ossia la Barbera di Nizza Monferrato, profonda dal sapore terroso e fruttato. Poi abbiamo i rossi di Valtellina (in particolare i cru Inferno, Grumello, Sassella, Valgella, Maroggia) monumenti alla tradizione della valle, anche in versione Sforzato, da uve appassite, dunque molto corposo, morbido, con profumo di uva passa, prugna, tabacco, così come più a est la Valpolicella offre il suo Amarone, sempre da uve appassite, che è un best seller, con vini potenti e gentili, da eterno invecchiamento.

In Trentino, mi procurerei un grande Teroldego dalla Piana Rotaliana, mentre in Alto Adige andrei in cerca di un Pinot Nero da Mazzon, una delle vigne più vocate alla viticoltura, inondata di sole, oppure di un Lagrein, per restare sull'autoctono, di cui oggi esistono versioni di gran stoffa.

Scendendo sulla costa adriatica, la Romagna è un centro di primaria importanza per il suo Sangiovese, specialmente da zone elette quali Predappio e Modigliana. Lo stesso vitigno, in assemblaggio col Montepulciano, dà origine al prezioso rosso del Conero e apre la strada alle versioni migliori del Montepulciano d'Abruzzo, che sa essere vino spesso, profondo, dalla nota intensa di amarena matura. In Umbria, tappa obbligata a Torgiano, dove nacque il primo rosso di gran classe, il Rubesco Vigna Monticchio, e a Montefalco, patria del Sagrantino, vitigno ostico che, se domato, rivela un tessuto cavalleresco adamantino.

In Toscana regna il Sangiovese da invecchiamento, con i suoi miti: Chianti Classico, Nobile di Montepulciano e soprattutto il ricercatissimo Brunello di Montalcino, almeno cinque anni di invecchiamento, il vino – nella versione di Tancredi Biondi Santi – dinanzi al quale si inginocchiò Mario Soldati. Passando al Sud, dove la tradizione è generalmente più di vini corposi che da lungo invecchiamento, si stacca per nobiltà ed eleganza il Taurasi, a base di uve Aglianico, vitigno vigoroso dalla combinazione ideale di note fruttate e speziate. Negli ultimi anni sono anche emersi grandi rossi dalla Puglia, come i Primitivo di Manduria affinati a lungo in legno, o alcuni esempi di Castel del Monte Riserva, ottenuti con il vitigno Nero di Troia, ancora poco valorizzato, ma intrigante; in Calabria, da non perdere le migliori versioni di Cirò Riserva; in Sicilia non mancano punte di eccellenza grazie al Nero d'Avola, peraltro molto espressivo a seconda che provenga dalla parte occidentale o orientale dell'isola, ma oggi il rosso siculo che fa parlare gli intenditori viene dall'Etna, ottenuto da uve Nerello Mascalese e Nerello Cappuccio. In Sardegna, le riserve di Cannonau e Carignano (specie quello del Sulcis) sono molto longeve, e alcuni blend a base Cannonau unito a uve locali, come il Bovale, godono di meritato successo, a partire dall'esempio del capostipite dei *fine wines* sardi, il Turriga della famiglia Argiolas.

Ovviamente, di vini rossi di pregio, da invecchiamento, è pieno il mondo: tutti i Paesi viticoli desiderano esprimersi con punte di eccellenza. A parte i già citati francesi, ricordiamo le grandi Riserve della Rioja e della Ribera del Duero in Spagna o i profondi vini del Priorato; i vini (non fortificati) portoghesi del Douro, l'astro (ri)nascente dello Xinomavro in Grecia, un vino dal colore rubino chiaro come il Pinot Nero e il Nebbiolo, terroso e floreale.

Fuori dal nostro continente, sono monumentali i Cabernet di Napa e Sonoma Valley in California, e oggi sempre più « europei », cioè meno carichi di profumi di vaniglia dolce derivati dai barili di legno americano, così come sempre più eleganti diventano i Pinot Nero dell'Oregon, dove non a caso oggi si svolge uno dei più apprezzati forum dedicati a questo nobile vitigno. Nel Sudamerica, grandi riserve e cru di Malbec, a oltre mille metri d'altitudine, si producono in Argentina, e il Carménère è ormai un'icona del Cile, con esempi profondi, succosi e cioccolatosi.

Il Sudafrica, a parte il Pinotage, che è il suo vino simbolo (un incrocio locale tra Pinot Nero e Cinsault), ma che non dona vini eccelsi, propone bordolesi (Cabernet, Merlot) di ottima fattura e impronta francese.

Interessante mi sembra l'evoluzione qualitativa della Nuova Zelanda e dell'Australia. La prima si sta specializzando nel Pinot Nero (dalla regione di Central Otago, ad esempio) e nel Syrah (incredibile la versione prodotta dalle parti di Hawke's Bay). L'Australia si distingue per i ricchi, profondi e balsamici Syrah della Barossa e dell'Eden Valley e per i fruttati Pinot Nero della Yarra Valley o Mornington Peninsula.

Questione di stile

Se impostiamo il discorso sullo stile, dobbiamo concludere la rapida sequenza con i prodotti dolci e fortificati che, pur avendo attualmente un mercato limitato, sono rappresentati da vini leggendari, come – tanto per cominciare – il Sauternes, che proviene dalla regione di Bordeaux, dorato, dall'intenso profumo di miele e marmellata d'arance amare, uno stile davvero imitato ovunque ma con una difficoltà: è necessario che le uve, in vigna, siano attaccate dalla cosiddetta muffa nobile (*botrytis cinerea*), che suona come un ossimoro, ma è un agente che disidrata gli acini sulla pianta, concentrandone gli zuccheri e trasformandoli a livello molecolare tanto da lasciare, dopo la fermentazione, note olfattive e una viscosità al palato davvero uniche. In Italia, abbiamo tuttavia una florida tradizione di vini dolci, anche detti « da dessert »: i Vin Santo del Trentino e della Toscana, i Recioto (rosso quello della Valpolicella e bianco quello di Soave), Sciacchetrà in Liguria, Erbaluce Passito in Piemonte fino al Passito di Pantelleria... dall'Alsazia (Francia) e della Germania sono molto apprezzati i vini dolci a base di Riesling, dalle sigle misteriche: BA e TBA, cioè Beerenauslese e Trockenbeerenauslese, in ordine dal meno dolce al più ricco e concentrato. In Ungheria si produce invece il leggendario Tokaji, anch'esso ottenuto da uve parzialmente colpite dalla muf-

A ciascuno il suo

C'era una volta anche il Tocai italiano, prelibato frutto del Nordest, un vino bianco, secco, che con il dolce Tokaji ungherese aveva ben poco a che spartire. Il « nostro », fresco, sapido, con una vena di mandorla, perfetto se abbinato al prosciutto crudo friulano. Il « loro », invece, muffato da meditazione, benvenuto in tavola a fine pasto. Vini così diversi, ma pur sempre galli nel comune pollaio europeo: non poteva che finire in baruffa. Nel 1995, dopo anni di vertenze legali, gli ungheresi ottennero da Bruxelles il riconoscimento esclusivo della denominazione, che prende il nome dalla regione storica del Tokaj-Hegyalja (Patrimonio dell'Umanità, di cui una frazione risiede in territorio slovacco, dal 2002). Lì, da secoli, si alleva il Furmint, vitigno principe di un regno di 6000 ettari a vigneto. Del nome Tokaji, oggi, può fregiarsi solo il nobile muffato. E il « nostro »? Da allora, si chiama Friulano (o Tai, nella versione veneta).

fa nobile, che raggiunge il record mondiale di dolcezza nella versione Eszencia, con almeno 600 grammi di zucchero per litro e meno di 3 gradi d'alcol; è praticamente uno sciroppo, non a caso utilizzato anticamente in loco come elisir ricostituente per i neonati. È rarissimo e il prezzo conseguente.

Chiudiamo il cerchio con lo stile « fortificato », cioè addizionato ad alcol, storicamente nato esattamente per dare maggior forza e conservare i vini durante le lunghe traversate in mare verso i porti di destinazione: sono i Porto (dalla valle del Douro in Portogallo), Sherry (Spagna, da Jerez de la Frontera), Madera (dall'omonima isola portoghese) e il nostro Marsala... vini che evocano un passato davvero lontano e un gusto altrettanto distante dall'attuale, ma da rivalutare perché, nei secoli, hanno trovato diverse espressioni, più o meno dolci, più o meno invecchiate (anche cent'anni!), molto variabili nelle *palette* dei profumi, che a ben vedere sono davvero intriganti per il *connoisseur*.

9.

Vinum, errare humanum est

Un viaggio completo nel mondo dell'enologia non può non attraversare anche le vite di chi ha contribuito a plasmarlo, con imprese o vini che hanno segnato passaggi epocali. Dopo esserci occupati della scienza, la tecnologia, il marketing, la comunicazione, le professioni del vino, posare lo sguardo sulla sua umanità è ciò che ci consentirà di comprendere appieno la speciale alchimia di un universo che, nonostante gli anni trascorsi e le innovazioni intervenute, continua a ruotare intorno ai poli essenziali dell'energia e dell'intuizione umana e imprenditoriale.

La storia del vino è infatti anche e soprattutto storia di uomini che hanno avuto il coraggio o la sventatezza di procedere per tentativi ed errori, travalicando gli steccati di ciò che era noto e contribuendo così all'evoluzione del settore e alla proposta di un salto qualitativo o di gusto, talvolta con successo, talaltra meno.

Giacomo Tachis (1933-2016), uno dei più influenti enologi italiani, creatore di Sassicaia, Tignanello e decine di altri vini leggendari, amava ripetere che ogni tradizione è un'innovazione

ben riuscita. Questo è particolarmente vero per il vino, bene voluttuario e quindi soggetto a trasformarsi per andare incontro al gusto dei suoi *pubblici* (infatti più che di vino, dovremmo parlare di « vini » e, di conseguenza, di tanti target differenziati). Quanti stili e tecniche tradizionali sono stati repentinamente abbandonati per lasciare posto a un approccio nuovo, più vicino alle esigenze dei consumatori. Altrettanto spesso proposte innovative – reputate rivoluzionarie e geniali da qualche enologo o produttore – si sono invece rivelate inadatte, sbagliate, non gradite al pubblico, e sono state presto dimenticate. Dietro l'eterna dialettica tra innovazione e tradizione si stagliano le esistenze dei viticoltori e degli imprenditori. Sono migliaia di persone, idee, esplorazioni, grandi intuizioni e clamorosi errori; non ho la pretesa di comporne qui un quadro completo ma vorrei menzionarne alcuni, a mo' di conclusione dell'esplorazione condotta finora, per esaltare ancora una volta l'umanità di questo magnifico prodotto.

Abbiamo visto che il vino è intimamente legato al suo territorio. Ecco perché, nel selezionare le storie più rappresentative di un processo di costante innovazione e aggiornamento, ho deciso di impormi di seguire un ordine geografico e regionale.

Il Nordovest

Iniziamo dunque dal Nordovest.

In Piemonte si produce un vino ultra pop, il Barbera, protagonista negli ultimi trent'anni di una clamorosa trasformazione che, contemporaneamente, lo ha nobilitato e fatto diventare femmina: se vogliamo, insomma, un positivo caso transgender e di rivoluzione di genere. Accadde quando un movimento di produttori guidato da Giacomo Bologna e da Michele Chiarlo, due grandi nomi del Monferrato, provò ad affinare in legno il Barbera, fino a quel momento un vino semplice, giovane e succoso, ma con un tratto di una spiccata acidità non sempre gradita. Nella barrique svolge una seconda fermentazione, chiamata « malolattica », che trasforma l'acido malico (pungente) in lattico (cremoso). Si ottiene così un vino più morbido, dalle note speziate per via del legno e capace di invecchiare egregiamente. Negli anni Novanta, cioè, da onesto vino da tavola il Barbera diventa un vino « da principi », da collezionare e invecchiare in cantina. Al tempo stesso si reclama a gran voce di tornare a chiamarlo al femminile – si afferma il gioioso motto « La Barbera è femmina! » – in rispetto alla tradizione locale. Oggi convivono serenamente entrambe le versioni, quella giovane e d'annata, anche frizzante, e quella del vino fermo, strutturato, dalle note boisé, che anzi si è meritata recentemente il primo posto in un'importante classifica redatta dalla rivista americana *Wine Enthusiast*.

Il Piemonte è protagonista di un'altra innovazione più recente, il cui esito si potrà giudicare solo tra qualche anno: l'Asti Secco. L'Asti è stato per decenni lo spumante dolce per antonomasia, ottenuto da uve aromatiche di Moscato. Il suo business coinvolge 52 comuni, migliaia di viticoltori e 85 milioni di bottiglie prodotte dai consorziati. Ultimamente, però, ha perso smalto, banalizzato forse dall'associazione con il panettone natalizio ma, soprattutto, incalzato dal successo del Prosecco, che ha letteralmente inondato il mondo di spumante italiano (oltre mezzo miliardo di bottiglie prodotte). Ecco allora l'intuizione di creare una versione secca, un po' spiazzante per i cultori dell'altra, ma in linea con la domanda di mercato. Ha mosso i primi passi, vedremo se mieterà consensi.

Curiosamente l'ambito delle bollicine è quello dove, negli ultimi anni, sono state introdotte più innovazioni, di prodotto o di marketing, ma il fenomeno si spiega con il crescente trend commerciale della tipologia. In Lombardia, ad esempio, ne possiamo citare due, una in parte ormai recepita dagli appassionati, l'altra meno. La prima è il Satèn, una tipologia originale di Franciacorta caratterizzata da una pressione leggermente inferiore (4,5 bar contro i soliti 6), più carezzevole, che incontra il gradimento di chi non ama l'eccessivo pizzicore delle bollicine. L'altra novità proviene dall'Oltrepò Pavese, una zona viticola che fu gloriosa, enorme bacino di produzione di basi spumante con uve Pinot Noir, vendute anche a tante altre regioni spumantistiche: si tratta del Cruasé (nato dall'incontro fra cru e rosé), lo Spumante Rosé metodo Classico Docg, da uve Pinot Nero per l'appunto, promosso dal Consorzio Tutela Vini Oltrepò Pavese. Il Cruasé è una buona intuizione, ma fatica ad affermarsi forse per via di un generale spaesamento del territorio. L'Oltrepò è una zona viticola dalla quale provengono numerose tipologie di vino che rendono difficile il riconoscimento identitario, in un momento già debole sul mercato. Il territorio meriterebbe una vigorosa strategia di riposizionamento, ostacolata forse dalla mancanza di coesione locale e dalla scarsità di leader in grado di guidare una rivoluzione sul mercato.

L'Est

Vi sono intuizioni talvolta nate un po' dal caso che, ben più delle strategie di marketing studiate a tavolino, hanno inciso in profondità nella storia del vino: se nell'Ottocento questo è il caso del Barolo e del Chianti,[1] nel secondo dopoguerra il «grande colpo» riguarda l'Amarone della Valpolicella.

1 Il Barolo, nello stile che conosciamo oggi, è un vino relativamente recente, affermatosi tra la fine dell'Ottocento e gli inizi del Novecento. Non è certo se fu l'enologo Louis Oudart, chiamato da Cavour, ad aggiustarne la ricetta (non esistono testimonianze né documenti in proposito) ma è certo che fu l'influenza dei grandi rossi francesi a portare verso lo stile asciutto, corposo e longevo che conosciamo. Prima era piuttosto un vino tendente al dolce. Per quanto riguarda il Chianti, la sua fama è legata a un'altra star risorgimentale, Bettino Ricasoli, che ne codificò la ricetta redigendo un vero e proprio «disciplinare di produzione» ante litteram, come assemblaggio di Sangiovese, Colorino, Canaiolo e anche un saldo di uva bianca, Trebbiano o Malvasia, di fatto «fotografando» quello che era il tipico mix che si trovava nella maggior parte delle fattorie locali.

Prima dell'Amarone, il vino di punta di questo territorio era il Recioto, ovvero un passito rosso dolce che le famiglie veronesi consumavano nelle occasioni importanti. Il Valpolicella, invece, era un rosso semplice da uve fresche. Se non che – narra la leggenda, che poi forse è realtà – alla casa vinicola Bertani accadde che una bella partita di Recioto « scappò di mano » diventando secco, cioè « amaro » anziché dolce. La famiglia chiamò in soccorso un enologo piemontese con una certa esperienza in rossi secchi da invecchiamento, Ernesto Barbero, che trovò molto interessante quell'errore e impostò un nuovo grande vino, da uve appassite. Era il 1958 e sulla prima bottiglia c'era scritto « Recioto Secco Amarone ». Nel giro di qualche decennio l'Amarone è esploso rivelandosi un fenomeno commerciale di portata mondiale e oggi è uno dei simboli, con Barolo e Brunello, dell'eccellenza enologica italiana.

Ancora più a est, nel Friuli, in terra di confine tra Italia e Slovenia, si è assistito all'inizio degli anni Duemila alla nascita di un altro fenomeno innovativo che deve tutto allo spirito ribelle e alla caparbietà di uomini come Josko Gravner e Stanko Radikon. Mi riferisco ai vini bianchi « macerati », detti anche *orange wines*, ottenuti principalmente dalla Ribolla Gialla. Sono tecnicamente vini bianchi perché ottenuti da uve a bacca bianca, ma vinificati come se fossero rossi. Questi signori hanno osato molto, rompendo tutte le regole apprese nelle scuole di enologia, per tentare nuove strade, compresa quella dell'affinamento in anfore, metodo appreso in Georgia (dove le chiamano *qvevri*) e riproposto in Italia incontrando non poche difficoltà: Josko ricorda sempre di aver perso la prima annata del suo vino in anfora per via della traspirazione del contenitore. L'idea degli *orange wines*, che fu dirompente al suo apparire, è sempre più apprezzata da una nicchia di consumatori in costante crescita, quella dei vini cosiddetti naturali. Non che gli altri non lo siano, ma per « vini naturali » oggi si intendono quelli prodotti con il minor numero possibile di interventi e additivi durante la vinificazione, senza aggiunta di anidride solforosa. Sono vini molto rispettosi del terreno in vigna, talvolta biodinamici. Era eresia, oggi è (quasi) moda.

Per restare nell'ambito della comunicazione, più che del prodotto in sé, un'idea particolarmente felice che ha finito per divenire l'emblema di un vino è quella della bottiglia di Verdicchio a forma di anfora, nata in seguito a un concorso promosso dall'azienda Fazi Battaglia nel 1953 e vinto dall'architetto Antonio Maiocchi. Per anni il bianco marchigiano ha viaggiato nel mondo sotto questa peculiare e riconoscibilissima forma e la bottiglia è stata ripresa da chiunque, negli anni Sessanta e Settanta, volesse vendere Verdicchio.

La Toscana

Merita un capitolo a sé per la sua storia strabordante di nomi, uomini, invenzioni – più o meno riuscite – e straordinari vini: la Toscana, essendo una delle regioni italiane protagoniste della storia enologica nazionale, è stata laboratorio di numerose sperimentazioni.

Mi piace iniziare questa carrellata di meraviglie partendo da un caso di marketing, quello della *fish bottle*, la « bottiglia pesce » ideata nel secondo dopoguerra dagli Antinori, imprenditori toscani che molto hanno osato e che, procedendo per tentativi ed errori, hanno infine creato un impero. Come racconta Piero Antinori stesso con autoironia, quella bottiglia bizzarra, ideata da suo padre, doveva essere uno specchietto per le allodole pensato per incuriosire e stupire, sperando di attirare l'attenzione sul bianco toscano. La forma intendeva alludere proprio all'abbinamento dei vini bianchi. Fu un successo negli Stati Uniti, ma un boomerang per l'immagine aziendale, poiché Piero avrebbe certamente preferito essere riconosciuto, come infatti poi è accaduto, per i suoi grandi vini toscani piuttosto che per una trovata puramente commerciale. Non fu un fiasco, dunque, ma il pesce fu presto abbandonato.

Il vero « fiasco » – cioè quello del Chianti – è un altro contenitore che ha contribuito alla fama del suo contenuto. Nella corte del palazzo di famiglia degli Antinori a Firenze è infatti possibile ammirare una bella riproduzione del tradizionale carretto dei fiaschi, i quali erano impagliati anche per l'esigenza logistica di resistere alle scosse e alle vibrazioni del viaggio su mezzi di trasporto « poco ammortizzati ».

Un'altra innovazione che vide la luce nei primi anni Ottanta in Toscana ma si rivelò di effimero successo fu quella del Galestro. La regione soffriva di una cronica difficoltà a imporsi nel settore dei bianchi e il Galestro – il cui nome allude alla particolare formazione rocciosa molto diffusa nel Chianti –

era sembrato il candidato ideale per ribaltare la situazione. Fresco, delicato e *pétillant* nello stile apprezzato negli anni Ottanta, aveva le carte in regola per conquistarsi spazi di mercato e attenzione, tant'è che diversi produttori toscani – Antinori in testa – si riunirono per promuovere un marchio collettivo. Nei fatti, tuttavia, il Galestro non ottenne il successo sperato, anche se l'idea puramente decorativa della « capsula viola » ebbe invece un forte impatto mediatico, al punto da venire percepita come un'indicazione qualitativa per i bianchi. Trebbiano con aggiunte di Chardonnay e Pinot Bianco, il Galestro Capsula Viola – oggi chiamato semplicemente Capsula Viola – fu percepito come un vino attuale, giovane, divenne il vino bianco preferito da chi voleva sentirsi moderno e, come ogni moda che si rispetti, conobbe un rapido declino nel decennio successivo. Oggi è quasi scomparso dalle tavole degli italiani.

Un altro errore di valutazione – decisamente più clamoroso – lo fece Ezio Rivella, enologo molto influente negli anni Ottanta e Novanta, creatore del fenomeno Banfi, il colosso di Montalcino di proprietà americana (famiglia Mariani) ma da lui impostato e diretto per molti anni. Rivella, per sua stessa ammissione, inizialmente non diede grande credito al fenomeno Brunello, prodotto con l'uva Sangiovese ricca di acidità e tannini. Ai Mariani che avevano appena acquisito i terreni a Montalcino suggerì quindi di piantare viti di Moscadello per realizzare un vino dolce e dorato, tradizionale del luogo ma soprattutto affine ai gusti degli americani, che impazzivano per le bevande abboccate. Fu un deciso errore di interpretazione: il Moscadello non decollò e si corse a sostituirne le piante con quelle di Sangiovese grosso (Brunello), che si dimostrò apprezzatissimo negli Stati Uniti. Di fatto, grazie a questo secondo tentativo, la Banfi, che poi commercializzò massicciamente il suo Brunello in America, divenne uno dei player di maggior successo del Novecento enoico.

De bello gallico

Dai tempi della « ricetta » del barone fiorentino Bettino Ricasoli, codificata nel 1872 dopo anni di studi e lungo girovagare nei vigneti di Francia, sono accadute molte cose. La miscela originaria prevedeva la supremazia del Sangiovese con un'aggiunta di Canaiolo e una modica quantità di uva a bacca bianca, Malvasia o Trebbiano. Nel 1924, per tutelare la qualità di un prodotto legato a un territorio storicamente ben circoscritto, ma già minacciato dagli spettri dell'imitazione, trentatré vignaioli fondarono il Consorzio del Chianti, che adottò come emblema l'effigie del Gallo Nero, simbolo dell'antica rivalità tra Firenze e Siena. A seguire, con l'attribuzione della Docg nel 1984, fu il Chianti Classico a serrare i ranghi, fino a suggellare in anni recenti la strenua difesa di un marchio noto in ogni angolo del mondo. E le battaglie non sono mancate: sul mercato USA, contro due potentissimi produttori californiani, i fratelli Ernest e Julio Gallo, che rivendicavano la priorità del nome; e contro i nostri cugini francesi, che nel 2007 tentarono di registrare il simbolo della loro nazionale di rugby – di nuovo, il Gallo – per la produzione di bevande alcoliche. Il Consorzio italiano fece ricorso in sede europea e andò in meta con successo. Se in etichetta c'è un pennuto con la cresta, non si scappa: è un Classico.

All'inizio degli anni Ottanta si colloca la nascita di un altro dei fenomeni più eclatanti dell'enologia italiana, quello dei cosiddetti SuperTuscan. Ne fu artefice Piero Antinori col suo enologo di allora, il già citato Giacomo Tachis, piemontese, adottato toscano, che si sentiva soprattutto figlio del Mediterraneo.

Accadeva in quel tempo che il Chianti – pur protetto dalla Docg – non godesse di ottima fama. Il marchese Antinori uscì con un vino, il Tignanello (un Sangiovese con saldo di Cabernet Sauvignon da uno dei suoi migliori vigneti nel Chianti) come Igt, ovvero apparentemente un vino declassato (secondo la piramide qualitativa italiana) rispetto al Chianti Docg. La scelta del declassamento di un vino chiantigiano *de facto* fu seguita per due motivi: innanzitutto il disciplinare del Chianti non consentiva (come avrebbe paradossalmente consentito poi, sulla scia del successo planetario di questo vino) l'utilizzo del Cabernet in un Chianti; in secondo luogo, ma forse onestamente questa fu la ragione più profonda, il nome del Chianti in quel momento non avrebbe giovato al lancio di un grande progetto enologico. Il Tignanello era in realtà un grande vino, di qualità superiore, raffinato, elegante con lungo affinamento in barrique francese.

Nello stesso periodo, in seno alla medesima famiglia e con la complicità di Tachis, nasceva a Bolgheri il Sassicaia, un Cabernet Sauvignon/Cabernet Franc realizzato dal cugino di Piero Antinori, Nicolò Incisa della Rocchetta. Il Sassicaia era destinato a diventare il vino più celebrato d'Italia, ma – per gli stessi motivi a cui ho accennato sopra – uscì dapprima come « vino da tavola ». Basti pensare che oggi rientra nella Doc Bolgheri, che gli ha riservato una menzione specifica (« Bolgheri Sassicaia »).

Vini come questi, innovativi, di altissimo lignaggio ma fuori della scala qualitativa ufficiale, erano di difficile interpretazione sui mercati internazionali. Fu così che un *wine writer* americano, Burton Anderson, per spiegare il fenomeno ai suoi lettori ebbe l'intuizione geniale di chiamarli « SuperTuscan ». Questa definizione conteneva in sé una doppia allusione: si riferiva a vini che si ponevano « al di sopra » del sistema delle Doc, e che erano in effetti dei grandi – « super » – vini. Nacque così una « appellazione alternativa » che riscosse un successo di dimensioni mondiali e che si dimostrò essere ben più di una moda di breve respiro – come da principio la bollarono i più critici. Dopo Antinori furono molti i produttori che iniziarono a produrre le loro « miscele » ribelli, simbolo di un modo più moderno di fare il vino che strizzava l'occhio alla scena internazionale. Tignanello e Sassicaia si trovarono presto in robusta compagnia.

Il Sud e le Isole

Pur ricco di abili viticoltori e ottimi vini tradizionali, tendenzialmente di buon grado alcolico considerato il clima caldo, il Sud Italia per troppi anni si è assunto il ruolo di « banca del sangue » della nazione, usando le proprie uve per rafforzare alcuni anemici vini del Nord (non solo d'Italia). Per molti anni non si è sentito il bisogno di innovare il settore, e ci si è limitati a fornire vini decenti ai clienti extraterritoriali. Poi, negli anni Ottanta, anche questo tipo di commercio ha iniziato a scemare e qualche imprenditore illuminato ha capito che era il momento di cambiare. Diego Planeta, in Sicilia, fu tra questi e riuscì nel colpaccio di attirare sull'isola il solito Giacomo Tachis, fresco di pensionamento dagli Antinori. Tachis divenne consulente dell'Istituto regionale della Vite e del Vino di Palermo, l'ente che si occupava di ricerca e promozione a livello regionale. La Sicilia aveva da pochi anni mosso i primi passi verso l'alta qualità, con vini come il Rosso del Conte della famiglia Tasca e il Duca Enrico della Duca di Salaparuta, due Nero d'Avola nobilitati dall'invecchiamento in barrique che collocarono il vitigno-mulo dell'enologia siciliana nel giusto ambito delle uve nobili. Tachis, con la sua sensibilità culturale, impostò un grande lavoro focalizzato principalmente sui protocolli di vinificazione di questo grande rosso siciliano, ma anche su vitigni locali che all'epoca a stento si conoscevano fuori dalle proprie province, come il Frappato.[2] Oltre al coinvolgimento di Tachis e all'immenso lavoro sul Nero d'Avola, fu un'altra intuizione di Diego Planeta a rilanciare la Trinacria del vino: puntare su alcuni vini varietali (prodotti con singoli vitigni) di successo, riconosciuti a livello mondiale, come Chardonnay, Merlot, Syrah, insomma vini apprezzati da un'enorme platea. Sullo Chardonnay, in particolare, fu determinante l'idea di innovarne la vinificazione a partire dall'esperienza australiana di

2 Per l'opera di Tachis in Sicilia si veda *Giacomo Tachis, enologo corsaro*, scritto da Bruno Donati, mio caporedattore e maestro di giornalismo, per la casa editrice Terra Ferma (Vicenza, 2005).

un altro grande *wine maker*, Carlo Corino, di origine piemontese come Tachis, ritenuto esperto di climi caldi, come quello dell'isola. La Sicilia si fece così conoscere nel mondo usando il cavallo di Troia delle uve internazionali.

Anche nell'altra isola maggiore, la Sardegna, ritroviamo Tachis, accorso stavolta in aiuto della Cantina di Santadi, nel Sulcis, e di Argiolas, nel Cagliaritano. La sua intuizione fu quella da un lato di valorizzare le antiche viti « a piede franco » di Carignano (Terre Brune), dall'altro di creare un grande blend alla francese, ma con uve sarde (come il Cannonau e il Bovale), da lasciar maturare lungamente in barrique francese: ecco il Turriga, la grande madre del Mediterraneo, luogo della memoria e della civiltà che l'enologo adorava.

Tornando sul continente, in Campania, troviamo famiglie che nel secondo dopoguerra seppero esaltare il proprio patrimonio storico. È il caso dei Mastroberardino ad Atripalda, in Irpinia, che salvarono dall'estinzione vini oggi iconici del territorio come Taurasi (da uve Aglianico), Fiano di Avellino e Greco di Tufo, ma vinificando queste uve autoctone con tecnologie moderne. Poi, a partire dagli anni Novanta, nel Sud Italia si rivela strategico l'intervento di enologi consulenti ben in sintonia con il mercato e la nascente critica enologica, come Riccardo Cotarella. I produttori meridionali si avviarono così sulla strada dei tagli moderni e di uve locali e internazionali (Cabernet Sauvignon, Merlot), seguendo l'esempio dei SuperTuscan e creando una serie di SuperCampania, SuperPuglia, SuperLazio che non mancarono di entrare nella SuperClassifica delle guide anche internazionali, come nel caso eclatante del Montevetrano di Silvia Imparato, che, secondo l'aneddotica dello stesso Cotarella, fu il primo vino campano a folgorare – benevolmente – il guru Robert Parker.[3]

In Puglia, negli anni Novanta, si sono adottate più o meno le stesse innovazioni che imperversavano nella produzione di vini di qualità nel resto d'Italia, come l'uso delle piccole botti di rovere per i rossi da invecchiamento o l'adozione del sistema di allevamento a guyot, il classico filare, al posto del tradizionale alberello di origine greca. Proprio l'alberello, tuttavia, sta tornando oggi a essere valorizzato, poiché a basse produzioni corrisponde un'alta qualità delle uve. Addirittura lo si usa volentieri come argomento di vendita sulle etichette o nelle schede tecniche dei vini, assieme a un altro concetto oggi molto apprezzato, quello delle viti vecchie. Queste, in effetti, per la medesima ragione, possono donare frutti molto interessanti, che si ritrovano in vini intensi e profondi, ma sempre tenendo presente che esistono dei limiti oltre i quali la gallina vecchia non fa più buon brodo, ma muore.

Se spostiamo lo sguardo sul versante tirrenico, in Calabria, troviamo purtroppo un quadro meno dinamico. Qui le spinte innovative hanno riguardato poche famiglie di imprenditori, come i Librandi, che stanno studiando centinaia di varietà dal punto di vista genetico, virologico, ampelografico, oltre a

3 Ho personalmente ascoltato più volte l'episodio narrato in prima persona da Riccardo Cotarella, che portò in assaggio un calice di Montevetrano a una cena negli Stati Uniti con il celebre *wine critic* americano. Parker rimase così colpito da questo nuovo vino, creato sui colli di Salerno dalla fotografa Silvia Imparato, che chiese di inserirlo *in extremis* nella sua newsletter, già pronta per la stampa, assegnandogli un sonoro 100/100, punteggio *non plus ultra* per chiunque produca vino.

sperimentare anche diversi portainnesti e differenti protocolli enologici, alla ricerca di espressioni territoriali altamente qualitative.

Altre regioni, pur importanti in assoluto per la viticoltura e per i grandi vini che vi si producono (come Abruzzo, Basilicata...), non hanno presentato vere e proprie innovazioni, ma alcuni produttori di eccellenza hanno saputo recepire le migliori novità proposte dall'enologia per un salto di qualità nelle proprie etichette.

Le intuizioni in vigna

Abbiamo parlato della malolattica dei rossi in barrique (la Barbera), di macerazione sulle bucce dei bianchi (gli *orange*), di rinuncia ai solfiti e di tagli particolari di vini o di uve (i SuperTuscan). L'enologia è una scienza e molte delle innovazioni che la riguardano nascono in cantina, studiate a tavolino dagli enologi. E in vigna?

Le rivoluzioni in vigna si notano meno, perché spesso non hanno un impatto così diretto sullo stile del vino, eppure ci sono alcune storie che vale la pena citare. Ad esempio il diradamento, la pratica di tagliare grappoli per concentrare le sostanze negli acini superstiti: quando alcune aziende cominciarono a richiedere questa pratica, che i tecnici generalmente ritengono efficace, i contadini italiani si scandalizzarono e scagliarono anatemi contro i promotori dello spreco. D'altronde nel nostro Paese è stata necessaria almeno una generazione, se non due, per concludere il passaggio dalla cultura della quantità a quella della qualità, nel settore vinicolo e non solo.

Sempre in vigna, oggi una pratica molto usata è il sovescio, ovvero l'interramento tra i filari della vigna di apposite colture (come il favino, la senape o la veccia), che apportano nutrimenti alle viti e contribuiscono alla gestione naturale del vigneto. Sembrerebbe un ritorno all'antico, e d'altronde capita spesso nel mondo del vino che il nuovo sia in realtà solo un nuovo sguardo sul passato. Su questa linea citiamo un'innovazione davvero ancestrale, e perdonate l'ossimoro: il cornoletame, o preparato 500, usato in biodinamica e costituito da letame di vacca infilato nel cavo di un corno proveniente da una mucca che abbia partorito almeno una volta. Il corno viene interrato e lasciato fermentare durante l'inverno. Recuperato attorno a Pasqua, quando si è trasformato in humus viene miscelato e diluito con acqua (*dinamizzato*), con lo scopo (secondo i seguaci delle teorie di Rudolf Steiner) di incrementare la resa produttiva del terreno.

È difficile che la biodinamica s'imponga come filosofia prevalente, poiché presuppone un'adesione ideologica che molti imprenditori non condividono e anche perché non segue il metodo scientifico sperimentale, risultando per alcuni poco convincente. Ciononostante abbiamo evidenza di grandi vini ottenuti con pratiche biodinamiche, a partire da quelli della leggendaria Romanée-Conti in Borgogna, e anche in Italia sono sempre di più i produttori, specialmente della nuova generazione, che aderiscono con convinzione alla biodinamica, certificata dall'associazione Demeter, perché, nell'insieme delle sue pratiche, esprime una contemporanea sensibilità ambientale e umanistica.

Scrivere di idee che in vigna o in cantina portano miglioramenti al vino, o perlomeno cambiamenti, ci riconduce alla visione d'insieme e a quella meravigliosa complicazione che ha dato origine al nostro discorso: le famose cinquemila decisioni che un vignaiolo deve prendere. Il mio messaggio conclusivo dunque – se vogliamo mettere un simbolico messaggio nella bottiglia – è che fare vino è un mestiere davvero complicato, e molto più umano che tecnologico, per cui quando si commenta o critica ciò che si sta assaggiando sarebbe auspicabile tener conto di queste complessità, evitando di prendere posizioni ideologiche. Come docente di comunicazione del vino termino sempre le lezioni con questo semplice messaggio: cerchiamo di essere severi, non cattivi. Anche perché ricordiamo che il vino è piacere e condivisione, è cultura e coltura, due parole che non a caso hanno la stessa radice.

Ringraziamenti

A Camilla, mio « *apopopelico* » amore, con cui condivido la vita, la maggior parte dei vini e che rende possibili i miei sogni. Alla mia editor Marianna, perché questo libro senza la sua discreta, ma costante, presenza non sarebbe mai nato, impegnato come sono in riti bacchici internazionali. Alla squadra di *Civiltà del bere*, così forte che l'allenatore può partire per lunghi viaggi e vinciamo comunque il campionato. A Elisa, Filippo e Leonardo che sopportano un papà con la testa tra le nuvole e il naso in un bicchiere.

Indice

Introduzione 7

Prima parte. IL VINO 13

1. Alta orologeria (quando la complicazione è una virtù) 15
2. Nella vigna (del *terroir* e suoi derivati) 27
3. In cantina (della metamorfosi gioiosa dal succo d'uva al vino) 51
4. A tavola (dire, fare, abbinare) 71

Seconda parte. LA BOTTIGLIA 87

5. Breve e faziosa storia del vino (da Noè ad Al Bano) 89
6. Nuovo e Vecchio Mondo 107
7. Il fascino discreto dell'enologia 121
8. I più grandi vini italiani e del mondo (ovvero il capitolo impossibile) 135
9. Vinum, errare humanum est 155

Ringraziamenti 175